本书系2020年国家社科基金一般项目“大数据支持下的中小学合作型课堂组织形式建构研究”（批准号：20BGL127）的研究成果。

素养导向的小学数学单元整体教学

基于学习路径的视角

章勤琼 等／著

教育科学出版社
·北京·

序

单元整体教学，这样做就对了！

陈洪杰

章勤琼博士的《素养导向的小学数学单元整体教学：基于学习路径的视角》一书，即将付梓。在笔者眼中，这本书是当下小学数学单元整体教学这个热点话题的理论引领之书和实践指导之书，更是推动《义务教育数学课程标准（2022年版）》（以下简称“新课标”）落地的重要工具书，值得所有关心小学数学教育教学的工作者们仔细品读。

【一】

当下，对于单元整体教学的现状，我们或许可以这样概括：很热的话题，很大的泡沫！说单元整体教学热，且看中国知网上近5年内文章标题含有“单元整体教学”的就有5000多篇，范围缩小到“初等教育”后有3000多篇，最后文章标题中包含“小学数学单元整体教学”的也有400多篇！请注意，这是以简单的“篇名”搜索方式得到的数据，若以其他方式搜索，肯定会得到更多的文章。同时，作为编辑，笔者的一个直观感受是：单元整体教学是当下一线教师写作的热门话题！

话题热，自然和作为纲领性文件的新课标的倡导有关：课程内容组织的“重点是对内容进行结构化整合，探索发展学生核心素养的路径”。教师“要重视对教学内容的整体分析，帮助学生建立能体现数学学科本质、对未来学习有支撑意义的结构化的数学知识体系”；“分析主题—单元—课时的数学知识和核心素养主要表现，确定单元教学目标，并落实到教学活动各个环节，整体设计，分步实施，促进学生对数学教学内容的整体理解与把握，逐步培养学生的核心素养”。这些新课标中的文字都倡导整体的、结构化的思维方式，成为一线教师践行单元整体教学的合法性基础。可以这么说，话题热，正是一线教师努力践行新课标的体现。

但同时，繁荣是泡沫之始，泛化是曲解之始！一个热词，在引领大家看到思维的新维度、实践的新视角的同时，也带来了一些热热闹闹却不问本质的、贴标签式的实践。比如，不追问为什么要整体教学，而是把“整体教学”当成一个先行概念，不管什么内容都要整合一番；把整体教学狭隘地理解为“整合内容、缩减课时”，即教得“多快好省”；对单元整体教学的本质把握不准，没有以核心素养或学科大观念来贯穿不同课时的教学，课时和课时之间缺乏有机联系……。简而言之，并不是删减了课时、整合了内容，套上一个“单元整体教学”的帽子，就意味着教学实践发生了“质”的改变。相反，泛化地使用热词，不追问其来龙去脉和实践旨趣，恰恰是必然会出现且我们要警惕的形式主义。

针对上述理念与实践的断层，或者说是教师个体将公共文本转化成个体实践中的迷茫，章勤琼博士的这本专著论述了单元整体教学的来龙去脉，指出了单元整体教学与落实“核心素养导向的教学”之间的逻辑联系，并进一步提供了思考框架，让单元整体教学有理论依据，也有了实践抓手！

请注意，有了单元整体教学的框架后，教师对不同单元内容的整体教学的思考就不再是“一事一例”的点状思考，而是“一以贯之”的小学数学教学思维工具的使用。您如果审视本书的目录，可以发现从第二章到第五章的结构是相似的、简洁的，甚至会给人单调的感觉（每章只有两个小节），但这恰恰体现了作者及相关一线团队运用基于学习路径的单元整体教学的分析框架的一致性、延续性！这也说明，这个框架是适用于不同领域和年级的教学内容的。一线教师如果据此践行，那么就有可能经历思考问题的一致性、践行课标理念的实践的一致性，从而获得“如何做事”的“能力之知”（know-how），真正改变思维方式，迭代认知模型。

【二】

阅读章勤琼博士（简称“章博”）的这本专著，需要特别关注的是章博的思维特点。

笔者认为，章博在思考小学数学教学时，他本人标配的动作是：内涵分解、目标分层、整体关联。注意，这是笔者在跟随章博学习后的个人化概括，读者您在读完本书后也可以用您自己的词汇来概括。套用大家熟知的“冰山模型”——水面之上的部分只占整体冰山较少的一部分，而水面之下的才是整个冰山的主体，笔者想特别强调的是，我们要通过具体内容（水面上的冰山）的阅读，去把握或理解字面意思背后更有价值的部分（水面之下的冰山）——当然，本书的具体内容已经干货满满。

“内涵分解”，分解的是新课标当中有具体内涵描述的核心词。也就是说，不管教什么内容，既然目标是发展核心素养，那么知识本身“不能”成为目标或不能成为目标的全部。教师应以知识为载体，通过合适的教学任务来发展学生的核心素养。因此，“内涵分解”，首先意味着为具体的内容找到对标的核心词，从而确定核心目标；其次意味着不能笼统地讲落实了某一个核心词，而是要具体化到落实了该核心词哪一方面的具体内涵——对这一具体内涵必须下“操作性定义”，从而让它的落实是可评估的。

上述这一段话有点抽象，我们以较早成形的“面积”教学为例。“内涵分解”，意味着如下的操作：将“面积”内容对标到“量感”核心词，进一步思考“面积”内容可以落实“量感”哪一方面的内涵；经过分解，得到“面积在哪里”“面积怎么比大小”“如何用数学方式记录面积的大小”这样的以“面积”为载体可以落实的“量感”的具体内涵。在“面积”教学的例子中，“面积”也可以对标到其他核心词，比如“空间观念”，但此时您就要思考“面积”的教学具体落实了“空间观念”哪一方面的具体内涵，而不能泛泛而谈。

对读者您而言，重要的是，形成将具体教学内容对标到核心词具体内涵的思维方式，如此，您的教学才有可能是指向学生核心素养发展的，而不是指向“刺激—反应—强化”的动物式学习以及仅仅以掌握知识和训练技能为目的的学习的。

“目标分层”，是“内涵分解”之后，进一步落实核心素养必要的思维步骤。为方便读者的理解，笔者继续以“面积”为例。在将“量感”分解出“面积在哪里”“面积怎么比较”“如何用数学方式记录面积大小”之后，这三层具有纵向递进意义的内涵，对于具体学生而言，每一层的理解都是不同的层次。也就是说，“目标分层”其实就是思考：学生理解“面积在哪里”时，进行“面积大小比较”时，“用数字记录面积大小”时，分别有哪些思维层次（即理解水平）？“目标分层”意味着对学生学习路径的假设，意味着必须要让学习是可见的或者说是可评价的，进一步意味着必须设计“低门槛、大空间、多层次”的表现性任务，让学生将思维黑箱中的思考外化成可以分层的学习证据（多元表征）。

“目标分层”是落实单元整体教学的重要一环，也是推动教师教学转型的关键。在和一线教师互动的过程中，我们常常遇到的追问是：“你们对学生理解水平的分层来自哪一本书？”也就是说，一线教师会以为学生对某个具体知识在核心素养具体内涵层面的理解水平是固定的、统一的，但其实不是这样的。我们可以把“学习进阶”意义下的对不同学生理解水平的层次划分看成是具有一定假设性的，但这种假设又是“循证”的，即基于证据的：教师的前测、以往的实践经验、学习科学的研究证据等。换言之，“目标分层”隐含着教师的主体性、创造性：根据学生表现出的对当下内容学习路径的差异而形成不同的“目标分层”。在形成“目标分层”时，SOLO（Structure of the Observed Learning Outcome，可观察的学习成果结构）分类理论是好用的思维工具。“目标分层”，推动着教师看到具体的、活生生的学生，看到学生的迷思与不同的理解。让每一个个体都在原有的理解水平基础上往前“+ 1”，正是教学的应有之义！

“整体关联”，是突破“课时有毒”的关键。所谓“课时有毒”，是指以单课时为教学设计的时间单元，意味着一种小步渐进、平均用力的教学节奏，也意味着对贯穿不同课时知识的思想方法与大概念的忽视。关注“整体关联”，即关注课时与课时之间的联系，这是单元整体教学的应有之义！不过，在章博的思考习惯中，“整体关联”意味着不同课时的目标有不同侧重，但不同课时的目标又整体地落实某个重要的核心素养或大概念。

比如，章博认为，“十以内数的认识”“百以内数的认识”“万以内数的认识”“大数的认识”“小数的认识”这五个内容，在“位值制”概念理解上分别意味着五个递进的层次：理解有“10”个数值，满“10”进一（“十以内数的认识”）；同一个数字在不同的数位上大小不同，可以按照数位来数（“百以内数的认识”）；满“几”进一可以延续，数量大小是由不同数位上表示的数的大小的累加（“万以内数的认识”）；位值制规则可以一直迁移延续下去，能够分段计数（“大数的认识”）；位值制规则可以往小数部分延伸，将单位十等分可以得到更小的计数单位（“小数的认识”）。再比如，章博认为“平面图形的面积”单元内容，不同课时在“转化”这一思想上也有不同的侧重。笔者虽然早在2016年就撰写《小心“课时有毒”》的拙文，但这样来思考课时与课时之间的联系，却是实打实地从章博这里学习的。

“整体关联”的另一层意思是“从一堂课到一类课”。比如，聚焦“量感”的“长度、面积、体积”的教学；比如，对计算类课可以纵向地划分出这样的学生理解层次：认识数的结构、表征计算过程、概括计算过程、提炼基本算法、运用运算策略。具体内容见书中相关章节，这里不赘述。

理解章博的思维特点，其实是希望读者您真正地去更新自己的思维和实践：能主动地为具体的内容寻找对标的核心素养；在“内涵分解”“目标分层”之后，能为学生创设真实的问题情境，以表现性任务让学生经历真实的探究过程；以学生真实探究中产生的资源推进教学，即融入对学生“过程性评价”的资源，服务于学生的学习……。这样的教学过程，才是新课标倡导的，也是师生合作创生的、教学相长的。理解章博的思维特点，才是把握了本书的“根本”，才能生长出自己的盈盈枝叶。

【三】

章博的这本专著也是“循证”的启蒙书、工具书！

“循证”一词源自“循证医学”。循证医学强调，“应当使用已被证明有明显效果的医疗措施”，“审慎、准确、明智地应用当前所能获得的最好的研究依据，结合个体的临床经验，以及病人的临床状态、处境和偏好来确定个体患者的医疗方案”。类比到教学，我们能否以相对严谨的证据告诉教师“怎么做可以更有效”？我们能否如医学那样，在广泛了解各类教学研究成果的基础上，结合学生的基础与不同状态，给出教学的最优解？

对教师而言，“教什么”和“怎么教”是教学的“大哉问”！而这本专著中每一个内容的单元整体教学，从理解学习目标到确定学习起点，从分析学习路径到设计并实施教学任务（含后测评价），一步步具有严密的推理逻辑，由此形成了完整的“证据链”。对这个分析过程，读者您一定能清楚地看到作者一步步条分缕析地思考的理性气质。但这种冰冷的理性背后却是教学上的人文主义：将教学变得相对科学，变得可以用证据说话，才是对学生的真正负责。章博倡导的单元整体教学思考框架的“循证”特色，恰恰是符合教育伦理精神的主动追求！

说这本专著具有“启蒙”的意义，是因为它在步步严密的推理逻辑背后又留下了读者自己去践行的广阔空间！“启蒙”与“蒙昧”相对，是相信读者能够依据思考框架自己去分析具体内容，自己完成单元整体教学的思考与实践。而现实正是如此！由章博领衔的“研师三人行”团队依据思考框架所研发的“单元备课本”，正是以工具化的形式让每位教师自己去完整地经历对具体内容的单元整体教学分析过程。有意思的是，当教师自己经历过几次分析和实践之后，他们会惊奇地发现，不需要经过太多的试教就能较好地确定教学环节。从“启蒙”的意义上来说，这本专著中干货满满的教学案例都是激发教师开发出自己的案例的素材，昭示的是读者自己去创造的责任。

至于此书的“工具”意义，那自不待言！200多页的篇幅，已经言简意赅地拎起四大领域落实核心素养的关键！不过，笔者此处言说的“工具”意义还在于这样一种情况：当您把此书所言的“单元整体教学”落实好的时候，其实您也同时落实了“大概念教学”“大任务教学”“深度学习”“生本课堂”“表现性评价”等林林总总的概念。因为这些概念不是割裂的，而是彼此有联系的！实践的“1”，可以把概念的“N”整合起来！换言之，对于善于运用此书的您，这本书的工具性在于，它是把话语丛林熔于一种实践的“炼丹炉”。您践行此一种实践，就能获得“1=N”甚至“1 > N”的作用。思想，才是最重要的工具。

小　结

以核心素养为教学目标，以结构化的方式组织内容，以理解性教学为课堂组织形式，以表现性评价为测评手段，这四点可以看成是新课标倡导的核心观念。新课标核心观念的背后，是以“中国学生发展核心素养”模型为代表的、面向未来“AI时代”的教育观和育人观。

本书的思考框架和实践，为回答“小学数学学科教学，具有怎样不可替代的、发展学生核心素养的作用？”，提供了一个中观层面的解答。这个解答，架构起宏观理念与微观教学之间的桥梁，具有改变学科教学“范式”的创新意义。这个解答，也打开了一线小学数学教师实践的新空间，具有推进教师教学转型的实践价值。这个解答，也期待更多志同道合的研究者加入，让更多的改变发生，让更多的孩子获益。

唠唠叨叨，是学习章博专著时的碎碎念，是感悟最深的只言片语，是为序。

2024年4月29日凌晨

（作者系《小学数学教师》副主编，“研师三人行”教研活动发起人，上海悦远教育课程总监。）

目 录

·引言·

素养导向的单元整体教学的理论框架建构

教育者，非为已往，非为现在，而专为将来。

教育者，养成人格之事业也。

使仅仅灌注知识、练习技能之作用，而不贯之以理想，则是机械之教育，非所以施于人类也。

——蔡元培

基础教育课程改革已经进入核心素养时代，通过知识形成素养成为如今中小学教育教学的共识。自2022年《义务教育课程方案（2022年版）》和各学科课程标准颁布以来，社会各界对相关理论和课标理念进行了多个层面的解读。以数学为例，围绕相关主题，各地都在实践层面开展了多种形式的理解与实践《义务教育数学课程标准（2022年版）》（以下简称《课标2022年版》）的教研活动。然而，不少教师感觉到学习效果不佳，对于怎样的教学是素养导向的，以及如何更好地实施素养导向的教学，仍然不能很好地理解，存在较大困惑。

问题一　对新课标的学习为何效果不佳？

自《课标2022年版》颁布以来，教师们参加了很多学习活动。但是多数时候，这样的学习是零星点状的，大多是围绕新课标当中提到的一些名词进行解读，例如素养导向、大观念、大单元教学、“教—学—评”一致性、表现性评价……。单是这些名词，就已经让很多教师眼花缭乱了，这在某种程度上造成了大家在实践教学中的无所适从。

素养导向的新课标对教学提出了新要求和新挑战，这不是局部的零星的改变，而是在整体育人方式和人才培养体系上进行的创新和改革，要建立与之相适应的新型教学。总的来说，要从知识本位转向素养本位，在教学上就是要探寻把知识转化为素养的机制和原理，并根据核心素养形成的规律重建育人方式、开展教学活动，使教学过程真正成为核心素养形成的过程，这种以核心素养为指向的教学就是我们要建立的新型教学（余文森，2022）。这样一种涉及全方位改变的新型教学，对很多教师来说，在对诸多问题的理解上存在难度。从目标上来说，这种新型教学需要制定素养导向的目标。怎样的目标才是素养导向的？与之前注重知识技能的目标或者三维目标有何区别？从内容上来说，素养导向的教学更加强调整体教学。以单元甚至大单元为单位的教学跟过去注重课时的教学有何不同？从实施上来说，素养导向更加强调学为中心，需要从坐而论道转向学科实践。基于学科实践的教学是何种样态？从评价上来说，对于素养的评价需要采用更加多元的方式，如表现性评价等。在教学中该如何实施不同形式的评价，并将评价嵌入教学当中？这些问题，对教师来说都是理解新课标过程中容易产生的困惑。

另外，课程改革的最终落地需要在实践中进行。如果课程改革缺乏可供操作的抓手，往往容易导致理念与实践“两张皮”。假如说，在新课标刚颁布时，教师们的学习更多的是对课标文本的解读，困难也主要是对一些理念和名词的理解；在新课标颁布一年多以后，教师们要做的不应该仍然是文本的解读和理念的学习，而是需要在教学中实践新课标，积累一些经验，同时也产生许多困惑，并在这样的基础上，形成一些关于如何实施素养导向的教学的切实可行的指导方案。如果缺乏明确可行的关于如何在知识教学中形成素养的指导，一线教师就很可能老调重弹，忽视对隐形素养的关注，重复“只见知识未见素养”的旧况。

问题二　为什么要提素养导向的教学？

总的来说，国际上的课程标准（或教学大纲）有两种不同的取向（崔允漷 等，2021）。

一种是内容为纲的取向，也就是对学生“学什么”的规范，往往倾向于从输入端厘定教师应教授及学生应学习的内容。以我国2000年以前的教学大纲为例，它们的内容较少，主体部分是各年级的教学内容和教学要求，规定了小学阶段各年级分别要学什么内容。教学大纲往往会再搭配考试说明，规定需要考试的知识内容。在内容取向的课程标准（教学大纲）的指导下，教师平时教学的主要工作是落实知识点，也就是课堂教知识、学生学知识、评价考知识。因此，教师的教学是得心应手的，教学中产生的困惑也都是关于知识点方面内容的困惑。例如，关于“100 以内 5 的倍数有几个”的教学，教师关心的往往是这样两个问题：一是“100 以内是否应该包含 100”，二是“0 算不算 5 的倍数”。

另外一种是质量驱动的取向，也就是对“学会什么”进行规范，倾向于从输出端厘定学生的学习结果及其应具备的成就水平，以反映人才培养的质量要求。从课程改革的视角看，规范“学会什么”这一取向在“标准”中则体现为学业质量标准。我国从 2001 年以后的课程标准就变得更加丰富了，在内容标准之前，还有课程理念、总体目标等内容，即首先要思考我们要把学生培养成什么样子；最后还有评价理念与建议的相关内容，要看是否真的“学会了什么”。特别是在 2012 年，我国提出了立德树人的根本任务；随后于 2016 年，提出了中国学生发展核心素养（林崇德，2016），强调基础教育阶段要培养全面发展的人，体现在三个维度、六个素养、十八个基本要点上。这就确定了我们国家基础教育阶段的一个底色，也就是我们国家基础教育阶段的总目标是立德树人，最终都是为了落实中国学生的核心素养。要达成这样的目标，就需要教师在各科教学当中去实现。也就是说，在教学实践中，教师需要更加关注如何通过各学科教学实现怎样的素养。

当然，内容为纲的取向与质量驱动的取向并不构成逻辑上的对立，二者一个关注“学什么”，一个用以规范“学会什么”，是可以互补而成为相辅相成的合力的。因此，新一轮的课程改革以核心素养为纲领，贯穿课程标准修订的全过程，统领课程标准修订的各部分，明确提出我国的课程教学应致力于培养和发展学生的核心素养。核心素养是一个人的价值观、必备品格和关键能力的集合，是关于整个人的发展的全面要求。素养的形成，是需要基于内容的学习的。教学不仅是“育知识”的，更应当是“育人”

的，通过知识形成素养成为如今中小学教育教学的共识。毫无疑问，不同的学科承载着不同的育人价值，通过不同学科的学习，学生能获得不同学科所传达的价值观、品格和能力。教育的最终目的是培养德才兼备的人。

问题三　素养导向的教学为什么需要整体教学?

素养导向的教学需要通过知识形成素养，但素养的形成不是靠知识点的简单叠加就能完成的。因此，素养时代的教学，需要通过知识达成，但同时又不是学了足够多的知识点就能达成的。

可以认为，从素养导向的理念，到课程标准的制定，再到教学实践，至少需要厘清两个层面的关联：首先，核心素养的实现必须通过各学科教学完成，学科核心素养与中国学生要发展的核心素养之间的关系是什么？其次，学科核心素养也是内隐的，需要以知识教学为载体，知识内容与学科核心素养之间如何联系起来？这两个关联，都需要在实践中做好转化。这些都会增加核心素养落地的难度。

从各学科的教学来看，我们首先需要考虑的是其中的第二个关联，即如何通过知识教学实现学科核心素养的培养。数学学科教育传递着数学学科特殊的育人价值，《课标 2022 年版》将数学核心素养定义为“会用数学的眼光观察现实世界，会用数学的思维思考现实世界，会用数学的语言表达现实世界”，这体现出数学学科所要求学习者养成的客观真实、抽象、逻辑严谨、简洁直观等数学精神品质。需要注意的是，培养学生的这些核心素养，并不是反对知识教学、脱离知识讲品质。事实上，学生数学核心素养的形成也是在学习数学知识的过程中逐渐实现的，学生通过领悟数学知识或数学问题解决中的观念或方法，潜移默化地获得数学学科的灵魂。因此，基于核心素养的数学教育不是脱离知识技能目标的，而是以知识为载体，并超越知识本身的。

构建核心素养导向的教学新形态，需要从教学的内容和实施上同时突破。

从内容上看，教师需要以整体关联的视角来看课程内容，关注学科本质的一致性，设计结构化的数学课程，实现从知识到素养的转变，落实知识育人。要想在知识教学的过程中发展学生的能力和素养，进而让学生具备数学的品格，教师就需要帮助学生建立起知识的整体结构，帮助他们明白数学知识之间以及数学知识与现实生活的联系，进而培养他们的应用意识和创新精神；而联系的形成必须建立在理解之上，因此越来越多的教育研究者将数学教学的重点落在学生对知识整体的概念性理解上。《课标 2022 年版》指出：“要重视对教学内容的整体分析，帮助学生建立能体现数学本质、对未来学习有支撑意义的结构化数学知识体系。”这一是因为数学学科具有很强的逻辑性和系统性，形成了较为稳定的学生发展所必需的内容结构；二是因为课程内容要适应数学学科特点和社会科技的发展，在相关内容上关注数学学科前沿；三是强调对内容进行结构化整合，体现为领域下属主题的重整，将具有一致性的学科本质特征的内容整合为一个主题，从而有助于学生整体理解和把握课程内容。《课标 2022 年版》更进一步提出：“体现数学知识之间的内在逻辑关系，以及学习内容与核心素养表现的关联……分析主题—单元—课时的数学知识和核心素养主要表现，确定单元教学目标，并落实到教学活动各个环节，整体设计，分步实施，促进学生对数学教学内容的整体理解与把握，逐步培养学生的核心素养。”

然而，目前的数学教学仍存在着只按知识教、就课论课等问题，对数学学科内容之间的一致性关注不够，不利于学生整体把握、迁移、发展数学知识。对于一线教师来说，他们缺乏某种理念和方法来对知识进行整体的设计，难以使自己的教学更适合学生进行认知建构。

因此，教师在明确了要在内容上注重结构化之外，更重要的是需要思考如何才能更好地在教学实施中落实整体性，更好地突出学科本质，体现核心素养目标，帮助学生了解数学知识的产生与发展、价值与意义。

数学知识之间的联系灵活多样，在不同的结构中可能有不同的归类方法。随着学习内容的丰富，数学知识结构的容量也在逐步扩展，学生的认知结构始终处于动态的建构过程。所以在实际教学中，我们总是对学习内容做全面的分析，既在纵横关联中确立核心概念，也会明晰课程内容承载的核心素养具体表现；既能设计好学生素养水平的进阶路径，也会从整体观念出发，建构主题之下一类课的基本范式，在“再创造”数学中让师生发现自我与彼此成全。

具体而言，在教学实施时教师可以做这样的整体思考：首先是需要确定核心素养导向的目标，在教学中对 11 个具体的数学核心素养主要表现的内涵进行解读，并思考学生需要达成的具体表现。只有这样，通过知识教学达成数学素养才有可能实现。其次是需要根据目标将数学内容转化为适合学生学习的活动任务，这些任务应该是低门槛、多层次、大空间的，能让不同水平的学生都有充分的表现机会。再次是需要依据学习任务思考如何更好地组织教学活动，真正构建学为中心的课堂教学。正如《课标 2022 年版》指出的，“学生的学习应是一个主动的过程，认真听讲、独立思考、动手实践、自主探索、合作交流等是学习数学的重要方式”。最后是在评价时需要指向核心素养的发展，思考如何以评价促进学生学习。总之，教师需要形成思维框架，以核心素养为纲，在目标统领下做好学习任务、教学活动以及作业评价的设计并进行有效实施，落实核心素养。

问题四　单元整体教学经历了怎样的发展?

思维水平的发展是指向学科本质的，而理解学科本质需要将本学科某一领域的相互联系的知识内容相关联，从整体上探索蕴藏在零散知识点中的本质思想，这就需要教师运用整体思想进行学科教学，探索整体教学的相关理论和路径。单元整体教学的概念，有以下一些不同的代表性定义。

在 20 世纪末，就有研究者对单元教学做了界定，即以一个单元为教学基本单位，从整体出发，统筹安排，形成一个不可分割的教学整体，其特点是先定单元题目，然后根据单元题目组织教学内容，安排教学方式（覃可霖，1995）。在此基础上，有学者提出整体有序化设计单元教学，指以单元教学为模块，既能统揽单元教学的全局，又能按步骤有序地开展教学设计，以取得最佳的教学成效（马兰，2012）。更进一步，还有学者认为单元不是碎片化教学内容的堆砌，而是对知识的一种有机的、模块式的组构；单元设计不是单纯知识点传输与技能训练的安排，而是教师基于学科素养，思考怎样描绘基于一定目标与主题而展开探究活动的叙事，目的是创造优质的教学（钟启泉，2017）。

就数学学科而言，数学单元教学设计是在整体思维指导下，从提升学生数学核心素养的角度出发，通过教学团队的合作，对相关教材内容进行统筹重组和优化，并将优化后的教学内容视为一个相对独立的教学单元，以突出数学内容的主线以及知识间的关联性，在此基础上对教学单元整体进行循环改进的动态教学设计。其中单元组织方式可以以数学核心概念为主线，也可以以数学思想方法或数学核心素养为主线。一个单元的大小没有明确严格的规定，可以根据教学目标、教学内容、学生水平和需要以及教师对教学的驾驭能力来决定，并在反思中予以调整。但是，不论其大小如何，这些单元最终都应该聚焦到学生的数学核心素养上（吕世虎 等，2016b）。以下对单元整体教学的产生和发展做一个梳理。

（一）国外关于单元整体教学的研究

19 世纪赫尔巴特学派代表戚勒以教材的一个模块为单元，称之为方法论单元，并倡导五阶段教授法——分析、综合、联合、系统和方法。此后，美国从德国引入方法论单元，并将这一方法运用于教材编写，使教材的编写也以单元的形式组织，发展了基于思维过程进行教材单元编制的原理，从此开发了多种单元。

单元整体教学这种教学方式因欧洲“新教育运动”而产生，最早出现在 19 世纪末 20 世纪初，倡导者认为学生的学习内容与学习活动应该是一个整体，应有利于学生建构完整的思维体系（李荣华，2014）。倡导者之一的德克乐利提出教学整体化的原则，即将每个单元作为一个相对独立的整体，先制定单元题目，然后根据单元题目组织教学内容，安排教学方式，并要求在一个相对连续的时间内完成单元内容（吕世虎 等，2016b）。

杜威主张实用主义的单元教学，提出“教育即生活”——学习对象不只是静止的书本知识，还应是儿童身边的生活；“教育即生长”——儿童经过学习能超越原本知识、技能、态度习惯三方面的水平。儿童的学习对象扩大到了整个生活，因而学习内容必然是生活中相互关联的整体，在这样的整体学习中，儿童能在原有的知识、技能、态度习惯水平上得到提升。克伯屈在杜威的基础上提出“设计教学法（也称单元教学法）”及其具体实施步骤：决定目的—拟订计划—实施工作—评论结果。

到了20世纪30年代，美国一批教育家抨击“设计教学法”破坏了教师的主导作用，主张回到传统，以教师为中心系统地讲授教材知识。在此背景下，莫里逊结合两种声音，提出“单元教材精习制”。在这种教学法中，教师首先选择并组织学习单元的内容，而后确定适宜学生能力和兴趣的教学程序，其基本教学公式是“预测—教学—测验教学结果—调整教学步骤—再教学、再测验……”（玲如，1985）。

到了20世纪70年代，在普及教育背景下，布鲁姆在探索如何让大多数学生达到课程目标所规定的掌握标准的过程中，提出了“掌握学习”教学理论。在“掌握学习”程序中，教师首先将学习任务分成多个教学目标，然后根据目标形成一系列有递进关系的小单元，再在小单元中设计一小组课，最后编制诊断性测验，测验通过的学生进入下一个单元学习，而不通过的学生重新学习本单元直到掌握。

1999年，美国课程与教学领域的专家格兰特·威金斯和杰伊·麦克泰在反思传统教学设计不足的基础上提出了“理解为先”的UbD（Understanding by Design）理论，旨在通过完整的课程单元设计来帮助学生理解学科的大观念（big ideas）并实现迁移。在课程设计上，该理论主张以学生学习结果的“终点”为设计的“起点”，以终为始，强调目标和评价。

随着经济社会的发展、欧洲“新教育运动”以及美国“进步教育运动”的兴起，西方国家教育改革的最终目的都是培养有创新精神和应用能力的人才来适应经济社会的发展，满足现代生活发展的需要。在此背景下，教育家们提出了各自的教育理论，并将理论下的教学方法聚焦单元教学，以期学生能够掌握某一领域的关键概念，形成学科所承载的核心素养。从这些主张中可以看出，学者们越来越关注学生的学，即学生在学习中能做什么，学生学习后能理解和掌握什么、能做出什么样的改变，学生学到的东西有什么用。

通过以上对国外学者们所提的单元教学的梳理，我们可以发现其中存在着一些共性：强调目标，强调整体性和联系性，强调在一个连续的长时间内实施，强调关注学生，强调评价和改进。这也为随后我国对单元教学的研究和应用实施带来了启发。

（二）国内单元整体教学的发展

克伯屈的“设计教学法”自“五四运动”后传入我国。梁启超曾主张教学不能一篇篇文章讲，须一组组地讲，提出“分组比较教学法”，这实际上是单元教学的雏形。

1919 年杜威来华，进一步推动了“设计教学法”在中国的传播。1921 年全国教育联合会第七届年会议决《推行小学校设计教学法案》，推动了我国教科书编写的单元化。在众多学科中，语文学科率先在教科书的编排中使用单元组合的方式，但是单元教学设计并没有在其他学科中受到广泛的重视，也没有被采用。

直到 20 世纪 80 年代教学设计作为一个独立的领域受到重视之后，伴随着单元教学理论的发展，我国才开始了单元教学设计的相关研究（吕世虎 等，2016b）。

1995 年覃可霖对单元教学做出了定义，并提出“大单元”，即单元教学可以突破教材中的“单元”，教师可以根据学习对象之间的联系，对单元进行创造性的组合，构成“大单元”。这个“大单元”是跨“单元”的，可见其“大”体现在组成单元的范围变大，不囿于教科书里所规定的“单元”，知识间联系的范围更大，这体现出教师对学科本质的深刻和创造性理解，因此这个“大”并不是指单元中所含内容多少，而是指设计视域的“大”。打破被定义的“单元”，使知识点创造性地得到整合联系，这样的设计即是“大单元”。

虽然“大单元”的提出极具创造性，并走在教育前沿，但是在此后的二十年里，单元教学并没有广泛地被一线教师所理解、采取和使用。课时主义下的知识中心的教学和评价使“应试教育”成为主流，学生在课堂中被动地接纳一个个知识点，课后刷题“过知识点”，以求取得好成绩。直到我国针对“应试教育”的弊端，提出发展学生的“核心素养”后，单元教学才重新回到教育者们的视野中。

很多学者从不同的角度提出了单元整体教学的理念与做法。比如旨在促进理解与迁移的“观念统领”的单元教学主要有以下步骤：确定单元学习主题及具体观念；制订 TUK（transport、understanding、knowledge，迁移、意义理解、知识技能）学习目标，包括迁移目标、意义理解目标、知识技能目标及成果表现；评估学生先期学习经验；形成让学生思考的关键问题；分解关键问题的子问题，设计有意义的单元学习任务；开展持续性评估（张丹 等，2020）。吕世虎等（2016b）提出数学单元教学设计的基本操作步骤：确定单元内容；分析教学要素；编制单元教学目标；设计教学流程；评价、反思与修改。其中，单元内容的组织可以以数学核心概念为主线、以数学思想方法为主线，抑或是以数学核心素养为主线；而单元教学目标既要有整体性和统领性，又要有层次递进性；最后的评价应当与单元目标、教学相一致。崔允漷（2019）认为，进行单元教学应说清楚六个问题：单元名称与课时，即为何要花几课时的时间学习此单元；单元目标，即期望学生学习之后能做出什么改变、得到什么结果；评价任务，即什么样的表现说明学生学会了；学习过程，即教学任务组成的学习体验；作业与检测，即判断学生是否真正理解、学会；学后反思。

《课标 2022 年版》明确将“对内容进行结构化整合”作为课程理念中课程内容组织的要求，并倡导“主题学习”。如今，单元整体教学成为小学数学教学关注的重要话题。实际上，单元整体教学是教师为实现学生理解数学核心概念、获得数学学科核心素养必然要采取的一种教学形式。总结来说，单元整体教学在国内再次兴起并发展的原因有如下两点。

一是以往教学中存在的诸多问题。课时主义下以知识点内容为中心的教学缺乏知识点的关联性和一致性，教师孤立讲解某个知识点，学生却找不到建构知识的支架，更不理解学习的目的（章勤琼 等，2021a）。这导致教学“目中无人”，缺乏整体性，“育分”不“育人”（钟启泉，2017）。与此同时，以知识点为中心的评价也与目标相分离，只能检测落实知识点，但不能培养学生的关键能力和品格。虽然我国也曾进行课程改革，但是存在着国家课程单元设计薄弱，以及校本课程开发只追求课程数量、不重视整体性的问题（崔允漷，2019）。这种无视学生、不基于学生认知的设计使教学低效、低价值。

二是核心素养的提出和发展。钟启泉认为“核心素养—课程标准（学科素养）—单元设计—课时计划”是环环相扣的教师教育活动的基本环节（陈彩虹 等，2016），核心素养是“育人”的，是指向“真实性学力”的，这正是“应试教育”的教学和评价所达不到的。学科核心素养指学生学了本学科之后逐步形成的学科承载的关键能力、必备品格与价值观念，它意味着教学目标的升级（崔允漷，2019）。素养统领下的目标是基于多个知识点的较难达成的高阶位目标，而不是基于单一知识点的易达成的低阶位的目标，因此教师要放弃以往“知识点＋课时”的教学，采用与高阶位目标相匹配的大单元设计（孙晓天 等，2022）。学科核心素养的提出与充实倒逼教学设计的变革，单元整体教学设计成为学科核心素养落地的关键。

单元教学来自欧美，因适应经济社会发展而产生，被普遍认为是有利于学生建构知识、理解知识，发展能力，并将这种学识和能力应用于实际生活的高效的教学方法。单元教学传入我国后，起初只在教材编写中体现，并没有被广泛地推行、运用到教学之中。伴随着新一轮义务教育课程改革的发展和深入，不论是从知识本身的角度，还是从学生知识建构、能力发展的角度，我国的基础教育都在呼唤单元整体教学，因此有关其含义和实施策略的研究也逐渐充实，单元教学开始从理论走向实践。经过上述国内外研究的梳理，我们不难发现不同学者对单元教学的理解存在着共性，从一些关键词中可以洞察单元教学的本质特点。

第一，整体关联。“整体”体现为：知识内容的整体性，即知识是整体的而非零碎的，教师要整体把握教学内容，确保学生获得的知识结构是完整的；教学安排的整体性，即从核心目标出发，使教、学、评形成一个整体，为目标服务；学生认知建构的整体性，即建构主义学习观认为学生是主动建构知识的，他们通过新知识与原有认知结构中的联系，建构出日趋完整的知识体系，单元整体教学符合学生认知发展规律。“关联”体现为：知识的关联性，即单元中的知识内容是处于网状之中的，从一个知识可以联系到另一个知识，多个知识的联系又能产生新知识；课时的关联性，即后一课时与前一课时存在着逻辑上的连续性或层次上的递进性。

第二，目标统领。单元教学离不开单元目标，此目标不是各个知识点的目标，而是体现该单元所学内容本质的统领性的、综合性的目标，是针对整个人的育人目标。随着学科核心素养的提出与内涵的明确，单元目标也应是指向学科核心素养的目标。此外，单元设计下的课时设计则需要在单元核心目标下确定具体的课时目标，将目标细化，以促进教学任务的安排、落实，以及评价的准确有效。

第三，学生立场。课时主义下知识中心的教学容易忽视学生的已有经验、认知发展规律和兴趣，其目的只是使学生记住知识点或程序性操作的要点，学生在被动接受和重复训练过后变得只会处理知识而不会使用知识，因而单元教学提出的初衷即是为了促进学生有效地学。教师在设计教学任务前应了解学生现有的认知水平，在选择教学材料时应采用学生易于共情和接受的材料，并注重学生的实际操作以提高学生的应用意识。

第四，重组整合。知识内容之间具有整体性和关联性，单元目标同时体现着所学内容的本质和对学生学科素养的规定，因此在进行单元设计时教师需同时结合知识的逻辑体系和学生的认知水平，根据单元目标对知识内容进行重组和整合。重组的范围不限于教材的一个单元，而是可以突破教材单元甚至学科的限制。

第五，真实学习。一是真实性的学习，包括学习材料的真实性（贴合生活实际的）、思维发展的真实性（认知或理解水平在学习过后得到提升）、应用知识的真实性（能将知识应用于真实世界中）；二是真实性的评价，即评价与目标和教学相一致，且评价确实能测出学生在目标上的达成程度，是有效的。

此外我们还应注意到，国内外都有研究者提出单元教学的操作程序还应有评价后的调整与修改，并在之后的教学中将单元教学设计不断优化，但是在实际的相关研究中发现，不论是研究者还是一线教师都对回顾调整的环节并不重视甚至忽略。然而，回顾分析与改正确实能帮助教师持续聚焦单元知识本质和学科核心素养，因此今后单元教学的研究应更加关注评价后的分析和调整。

问题五　什么是基于学习路径的教学研究?

基于学习路径分析的数学教学以终为始，注重目标具体化，这样的方式契合上述素养导向的单元整体教学的思考，为教学提供了一种新的设计思路，也为如何理解数学概念、让素养目标变得可以实现提供了可能。学习路径是一种循证教育的思路，指学生为达到某个目标其学习所要经历的可能路径。基于学习路径的教学设计需要思考三个内容：一个特定的数学目标；学生到达这个目标的发展路径；一系列帮助学生沿着路径前进的教学活动（章勤琼 等，2019a）。因此，学习路径的视角可以为素养导向的单元整体教学提供行之有效的思考框架。

例如，在这样的视角下来看待“圆的认识”的教学，其目标就定位在发展“空间观念”的核心素养，其核心目标为“通过画圆认识圆的本质特征”。进一步分析，学生对圆的认识的具体表现有以下几点：第一，理解圆的本质属性，根据生活中圆形物体或圆形现象抽象出圆；第二，在画圆的过程中，通过观察、操作、想象、对比、归纳等活动理解圆是平面内的曲线图形，圆上任何一点到圆心的距离都相等；第三，掌握圆的各部分名称、关系、作用，在用圆规画圆的过程中掌握、理解圆的元素与性质；第四，利用圆的性质与特征解决问题。

为了达成上述目标，教师要做的不是按照知识点的落实来划分课时，而是整体思考学生达成这个目标的发展路径，应该是先从生活中抽象出圆，再认识圆的本质属性与各部分元素名称及关系，最后运用圆的性质解决问题。相应地，沿着这样的发展路径，教师可设计这样的学习任务：首先是让学生从生活中找到圆形并说明特征；其次是让学生通过多种工具创造性地画圆，并解释为什么用这些工具可以画出圆；再者是让学生用圆规画指定大小的圆，并与前面的工具进行关联，由此确定圆的各元素及其关系；

最后是让学生利用圆的特征解决一个非常规问题，并解释为何可以用这样的方法来解决。

教师还可以将评价融入教学贯穿始终。在教学实践中教师需要关注这三个方面的内容：一是运用情境化测评系统收集学生真实的学习过程信息；二是根据收集的学习信息给予学生学习针对性的反馈；三是依照反馈结果给学生深度学习提供有效的“支架”（雷浩，2022）。

例如，在画一个与圆形纸片同样大小的圆的任务中，教师可以对学生的表现给出这样的评价水平划分：水平 1 是从整体上直观认识圆，用印和描的方法画圆；水平 2 是通过对折一次，量出直径并求出半径来画圆，利用了圆是轴对称图形、直径所在的直线是圆的对称轴、直径是圆内最长的线段等特征；水平 3 是通过对折两次找圆心，利用直径是经过圆心且两端都在圆上的线段的特征画圆；水平 4 是任意对折两次找圆心，利用圆有无数条直径且都经过圆心的特征画圆。在这种目标统领下基于学习路径的教与学中，学习目标即评价目标，教师基于证据对学生作品进行评价与反馈，真正做到评价即教学。

基于这样的思考，本书提出以学习路径分析的方式来达成素养导向的单元整体教学。本书先介绍有关学习路径和单元整体教学的理论和方法，丰富理论背景知识，在此基础上建立基于学习路径分析的单元整体教学理论框架，并以小学数学不同单元为例，提供基于学习路径分析的单元整体教学设计案例，为小学数学教师进行单元教学、教学研究带来启发，同时也可为其他学科的单元教学设计提供借鉴。

（一）国外关于学习路径的研究

1. 学习路径的发展

20 世纪末，美国在国际性科学与数学大型测试中成绩不佳，人们普遍认为科学和数学教育课程存在很大问题，表现在：知识点繁多却缺少关联性和一致性；教学以知识内容为中心，忽视学生理解的纵深发展；考试评价与课程标准和教学相分离，无法形成合力（韦斯林 等，2010）。这些问题影响学生对知识的整合以及迁移，进而影响学生对实际问题的解决，使得科学与数学教育变得低效或无效。为此学者们积极探索，学习路径（Learning Trajectory）和学习进阶（Learning Progression）进入了人们的视野。

学习路径的研究始于国外，最初出现在信息技术和网络课程领域（余瑶 等，2021）。许多专家将学习路径定义为主题之下的各单元间可达成有效学习之各种顺序选择，它们使学习者在网络课程系统中按照一定的学习路径进行流程化学习（杨微，2010）。

美国国家研究委员会在2007年将学习路径和学习进阶定义为“对儿童在学习或者探索一个长时间跨度的主题过程中逐渐形成复杂思维方式的描述”（蔡金法，2020）[130]。这是假设学生对核心概念的理解、应用逐渐趋于复杂的过程。这种假设一般是基于对学生实际学习过程中理解水平发展的研究分析，而不是基于对学科知识的逻辑分析。根据学生的学习表现，研究者再对学习路径和学习进阶进行修改和完善。其模型如图0-1所示。

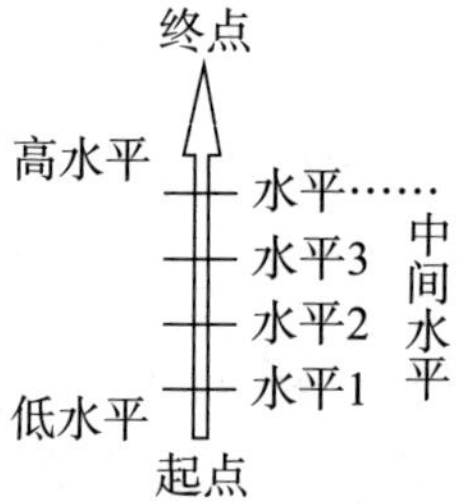

图0-1　学习路径和学习进阶模型

学习路径与学习进阶是两个密切相关的概念。通常来说，学习路径多在数学领域中使用，而学习进阶则经常在科学领域中使用，但是随着研究的发展，学习路径和学习进阶这两个术语变得没有统一标准，超越了数学和科学的学科界限，因此这两个术语通常可以互换（蔡金法，2020）[132]。但是，基于不同的研究视角，学习路径有不同的内涵。

2. 学习路径的概念

洛巴托等研究者运用扎根理论，对国外学习路径的大量文献进行分类（见表0-1），从不同视角得到了不同的学习路径的内涵，其分类包括：认知水平下的学习路径（用不同层次的认知水平来定义学习路径）、话语水平下的学习路径（通过描述日益复杂的交流方式来定义学习路径）、图示和运算发展视角下的学习路径（用学生图式的创建和修正来定义学习路径）、假设性学习路径（用教师假定的学生学习的路线，包括思维水平和教学活动，来定义学习路径）、团体视角下的集体教学实践学习路径（用学习团体规范化推理方式的生成过程来定义学习路径）、学科逻辑和课程连贯性视角下的学习路径（用可以描述较大时间跨度的学习水平来定义学习路径，一般表现为课标）、行为视角下的可观察策略和学业表现学习路径（用根据可观察的行为或学业表现描述的不同级别来定义学习路径）（蔡金法，2020）[78-106]。

表 0-1　学习路径的分类

代表人物	视角	特征
巴蒂斯塔	认知水平	用不同层次的认知水平来定义学习路径
金和安德森	话语水平	通过描述日益复杂的交流方式来定义学习路径
哈肯伯特和蒂勒马	图示和运算	用学生图式的创建和修正来定义学习路径
西蒙、克莱门茨和萨拉玛	假设性	用教师假定的学生学习的路线，包括思维水平和教学活动，来定义学习路径
科布和雅克	集体教学实践	用学习团体规范化推理方式的生成过程来定义学习路径
史密斯	学科逻辑和课程连贯性	用可以描述较大时间跨度的学习水平来定义学习路径，一般表现为课标
莱勒和朔伊布勒	可观察策略和学业表现	用根据可观察的行为或学业表现描述的不同级别来定义学习路径

因此，我们在使用学习路径这一概念时要明确是以何种视角进行讨论的。比如从认知水平视角，研究人员会对特定的内容领域（如长度的测量、角概念、数的认识和数学推理）划分出不同的认知类型，比较著名的如范·希尔对几何思维层次水平的划分。克莱门茨团队针对学前和小学数学开

发了一系列主题的学习路径，这一系列不同主题的学习路径都从认知水平视角给出了不同的水平具备的相应特征和范例，具体如表 0-2 所示（黄荣金 等，2021）。

表 0-2　认知水平视角下不同主题的学习路径

学生水平	学习路径			
	感数[①]的学习路径	数数的学习路径	加减的学习路径	位值的学习路径
感知水平	感知性感数	基数	小集合的使用	
	标记小数目集合； 感知性感数（4以内、5以内）	复述（10）； 对应； 点数小数量； 取物到 5	小数量	
早期计数水平	概念性感数	灵活的数字序列	直接数	10 的分合
	概念性感数（5 以内、10 以内）	点数和按物取数 10 个及以上； 从 10 倒数； 从任意数开始数（相邻数）； 10 个一组数至 100； 点数到 100	寻找结果量（用直接数、全部数的方法找到加入和部分—部分—整体的问题答案）； 变成 N（加上数字后，一个数字变成另一个数字）； 寻找变化量（通过加上一个数，找到缺失的加数）； 加入（数全部）、分开（数全部）、匹配（数余下的部分）	4、5、7 的分合； 10 的分合（知道数字的组成；10 以内数的双倍相加）

① 感数（subitizing），是指快速识别集合的数量，即人们看到一个小的集合时几乎能够立即判断出其中所包含的物体数量，而不需要通过数的过程。

续表

学生水平	学习路径			
	感数的学习路径	数数的学习路径	加减的学习路径	位值的学习路径
接数水平	扩展感数	接数	数数策略	
	概念性感数（20以内、几个几个地数）	运用模式来接数（利用数字模式来记住数了几个）； 跳数（在理解的基础上2个2个数、5个5个数）； 表象计数（对隐藏物体的心理表象进行计数）； 记住数了几个数； 理解数量单位、位值（理解十进制系统和位值概念；对10的集合进行计数时，若有必要，能将其分解为10个1）； 数到200（识别1、10、100的模式）	数数策略（添加和部分—部分—整体）； 采用手指模式接着数、数到几； 部分—整体（灵活运用策略解决之前所有的问题类型，有时候从未知的数字开始）； 数数中的加减（同时记住部分和整体；用数数的策略解决开始数未知的问题）； 推论（使用灵活的策略和推论组合）	
位值水平	位值感数	守恒	问题解决	十位和个位的组成
	带位值和跳跃计数的感数（例如，2个一组、5个一组、10个一组）	数目守恒； 正数和倒数	问题解决（用灵活的策略和已知条件的组合，解决所有类型的问题）	十位和个位的分合（把两位数看作十位和个位的组合；对角币和分币进行计数；运用重组的方法，做两位数的加法）
多位数水平	乘法感数		多位数加减	
	包含位值和乘法的概念性感数		使用增长或组合十位和个位来解决多位数加减	

3. 学习路径与数学教育

最早将“学习路径”引入数学教育领域的是西蒙，他认为学习路径是学生为了达到某个学习目标所要经历的可能路径（Simon，1993）。1995年，西蒙提出假设性学习路径（Hypothetical Learning Trajectory），在这个路径中，教师猜测学生对某一目标概念的现有理解，并设计教学活动来支持学生构建更复杂的推理方式，以达到一个特定的学习目标。此外，他还指出学习路径包含三方面内容：学习目标、学习活动，以及假定的学习过程。在设计学习活动的时候，对学生理解的预测是设计时的依据。表 0-3 是“分数的比较”这一内容的假设性学习路径的要素和过程（黄荣金 等，2021）。

表 0-3　“分数的比较”的假设性学习路径

要素	具体过程
前提条件	学生应有对作为度量的分数的概念
目标理解	1. 比较同分母分数：分母为平均分的总份数，分子为分数单位的个数；如果分母相同（相同的分数单位），分子大的（分数单位多的）分数就大。 2. 比较分数单位：比较分数单位时，分母大的分数小。分母为分数单位度量单位 1 的次数。分母越大，意味着度量单位 1 的分数单位越小。 3. 比较同分子分数：分子为分数单位度量的次数，如果同分子（分数单位数量相同），分母越小（即分数单位越大）分数越大
任务序列与假设学习过程	步骤一：比较同分母分数 任务 1：屏幕上小棒的长度为 1。请做一个长度为 $\frac{3}{8}$ 的小棒；请做一个长度为 $\frac{5}{8}$ 的小棒。哪一个更长？ 任务 2：$\frac{4}{7}$ 与 $\frac{6}{7}$ 谁更大？证明你的答案。可使用小棒作答。 任务 3：$\frac{17}{40}$ 与 $\frac{7}{40}$ 谁更大？证明你的答案
	步骤二：比较分数单位 任务 4：屏幕上的小棒长度为单位 1。请用线切分小棒，使其中一段长为 $\frac{1}{5}$。标出你做的那一段小棒并检查是否正确。如果太长或太短，请重新切分并检查，直到正确为止

续表

要素	具体过程
任务序列与假设学习过程	任务5：屏幕上小棒长度为单位1。请用线切分小棒，使其中一段长为$\frac{1}{7}$。请解释你是如何切分的。 任务6：屏幕上小棒长度为单位1。用线标记的小棒长度为$\frac{1}{6}$。请估计在哪里切分小棒可得到$\frac{1}{5}$长的部分。检查估计得是否正确。如果你的估计不对，再估计一次看是否接近正确值。 任务7：屏幕上小棒长度为单位1。用线标记的小棒长度为$\frac{1}{8}$。请估计$\frac{1}{10}$长的小棒。你估计的$\frac{1}{10}$的部分比$\frac{1}{8}$的小棒长还是短？请解释原因。 任务8：$\frac{1}{13}$与$\frac{1}{9}$谁大？请解释原因
	步骤三：比较同分子分数 任务9：小棒长为单位1。估计并用线标出$\frac{1}{3}$的部分；估计并用线标出$\frac{1}{5}$的部分。若要用$\frac{1}{3}$的部分做$\frac{2}{3}$的小棒或用$\frac{1}{5}$的部分做$\frac{2}{5}$的小棒，哪一个更长？ 任务10：$\frac{5}{6}$与$\frac{5}{8}$谁大？请解释原因

在西蒙之后，克莱门茨与萨拉玛于2004年明确了学习路径的概念：学习路径即对学生在某个数学领域的假定路线中，其思维发展以及学习过程的描述，这是一个设想的路径，是由一系列的教学任务构成的，教学任务的目标是使教师假定的学生心理过程和行为得以发生，并使学生沿着思维水平进步的方向发展，进而达到特定的教学目标（Clements et al.，2004）。他们也指出学习路径包括三方面内容：发展学生概念和技能的具体学习目标、为了达到目标的路径，以及在路径之下的一系列教学任务（Clements et al.，2009）。

西蒙、克莱门茨和萨拉玛所倡导的学习路径在上述分类中属于假设性学习路径。假设性学习路径有其共同特点，即强调学习目标、教学活动和学习过程。这里的学习目标是指易于被接受、理解、实现的具体目标，基于此，学生得以对自己的学习进行评价，教师从学生那里获取反馈信息之后得以及时把握学习是否朝预期目标前进。在假设性学习路径下，教师备课的起点是创建关于学生起始理解以及在此基础上他们能学习什么的猜想，然后选择教学任务和活动，接着基于学生参与这些活动的情况假定学生下一步的学习（蔡金法，2020）[150]。这有助于教师理解学生的学习困难，对学生做出恰当的评价并及时采用促进学生发展的各种教学策略（黄荣金 等，2021）。

（二）国内关于学习路径的研究

2014 年，我国启动“深度学习”教学改进项目，旨在改变机械记忆、程序化操作的学习，促进理解性的深度学习。深度学习旨在培养学生的能力，使学生在理解所学知识的基础上发展高阶思维能力，拥有批判性思维和创造性思维，因此学生首先要“理解”地学。然而，目前传统的教学设计方式存在着一些问题：其一，依据教材内容和经验安排教学活动，目标是知识导向，而非学生整体素养导向；其二，忽视教学层次性和学生理解纵深发展，一些本应螺旋上升理解的知识变成没有思维提升的重复教学；其三，缺乏知识点的关联性和一致性，孤立讲解教学某个知识点，学生找不到建构知识的支架，更不理解学习的目的（章勤琼 等，2021a）；其四，评价与目标和教学相分离，无法发挥评价的作用。为此，我国专家学者相继展开了如何促进学生理解性学习的研究；随着学习路径的理念传入我国，相关的研究也在国内慢慢兴起。

国内有的文献将“Learning Trajectory”翻译成“学习轨迹”，认为在数学学科中，“学习轨迹记录的是学生的思维如何变得更加复杂”。（蔡金法，2022）[132] 事实上，如果关注的是学生思维的发展，用更能体现过程的“路径”比“轨迹”要更恰当。

学习路径这一概念在国内数学教育领域应用不算广泛，且通常没有清晰的定义，常用来作为“学习方法”“学习策略”“学习顺序”的替换词，有的则直接把“学习路径”作为“学习的建议”，以建议的方式提出。

国内文献出现最多的是“……学习的路径”，因此“路径”等同于“策略”“方法”。最早将“学习”和“路径”组合起来，直接使用“学习路径”这个名词是在2015年，朱德江（2015）基于对教材的分析，设计了一条学生认识分数的学习路径。但是，他同样没有对“学习路径”进行概念界定，这里的“学习路径”也可以说是“学习顺序”或者“学习方式”。

随后，张春莉基于对学生学习路径的分析，研究了相应的教学路径（张春莉 等，2015）。她所表达的学习路径更偏向于学生的学习方法或者说思维过程。其主张的学习路径的研究是指研究学生的不同方面，包括学生已有的知识和经验、学生的思维过程（如何思考的）和对知识的表征方式，以此来为学习路径转化为教学路径或者说教学方式提供基础。教学路径的确定则要关注学生的思维模式、问题支架的搭建、不同的知识表征方式。这里的学习路径分析多以一课时为对象而进行，指向诸多方面要素的分析，最终为教师如何教学服务。

巩子坤等（2017）认为，学习路径就是为了达成教学目标而设计的任务序列，这些任务是指向教学目标的，按照一定的顺序排列，任务之间具有一定的逻辑递进关系。也就是说，我们教材中设计的活动或者例子序列，就是一种学习路径。他们运用这样的学习路径设计了小学数学中多条不同内容领域的、由例题串组成的学习路径。

彭绍东理解的学习路径是：学习活动的路线与序列，即学习者利用学习策略，依据学习的目标、内容、基础与环境条件，对所需完成的系列学习活动，包括活动的环节进行排序（彭绍东，2010）。因此在彭绍东看来，学习路径是学习者学习时所主动采用的活动序列。

余瑶（2021）将学习路径和深度学习联系在一起，认为基于学习路径的学习是达成深度学习的方法。她从学习目标、学生达成目标的路径，以及教学活动三方面分析了一节课的学习路径，把学习路径看作一节课的教学程序。

（三）小结

通过梳理国内外有关学习路径的文献，我们可以得出以下几点：第一，国外学者们对于学习路径有非常丰富的理解，从不同的视角出发可以做出不同的理解，并且随着研究的深入，在理解上也存在着统一的趋势，即越来越重视学生思维上的发展，把学生的思维层次进阶作为学习路径研究的目标作用。第二，在国内，有关学习路径的研究尚处于新兴阶段，研究内容较少，学者们对学习路径并没有一个统一的理解趋向，并且都将研究重点放在了学习路径分析包括哪些内容上。第三，在研究的知识内容对象上，研究者们的视角多落在某一课时上。第四，学习路径研究的共同点在于，学者们都认同对学习路径的分析需要以目标为基础，以教学活动为依托。

需要注意的是，“学习路径”这一名词从它产生之初，其中的“路径”就蕴含着水平逐渐提升的意思，因此学习路径应当能体现学生思维水平的进步方向，应当是学生思维和学习层次提升的道路，路径的详细内容也应明确学生思维水平发展每一阶段的目标。

问题六　如何基于学习路径建构单元整体教学的思考框架？

一方面，单元教学不是为了缩短课时，把教材单元内所有知识点放在一两节课中教学；也不是只讲单元主题，不讲主题下的各个知识点。单元教学设计是以教材为基础，用系统论的方法对教材中具有某种内在关联性的内容进行分析、重组、整合并形成相对完整的教学单元，在教学整体观的指导下将教学诸要素有序规划，以优化教学效果的教学设计（吕世虎 等，2016a）。很多学者从不同角度提出了相关理念和做法，这些思考为在小学数学教学中开展单元整体教学提供了很好的参考。

另一方面，学习路径是指学生为达到某个目标而进行学习时所要经历的可能路径，包含三方面内容——决定方向的学习目标、学习活动以及假定的学习过程，伴随全过程的是对学生学习的理解（章勤琼，2019），这是一条假设性学习路径。首先是基于学生思维水平发展的对目标的假设，而对于学生理解起始点的把握要求教师在目标的基础上先思考如何评价学生的水平，即评价前置，这就需要教师先将学生的目标思维水平进行分层，进而思考学生在每一个水平上的具体表现，也即学生达到某一目标的证据，最后再设计和组织目标导向下的教学任务和活动。这是一种循证教育的思路，也就是说，教师首先要了解学生有关某个内容的学习路径，才有可能设计相应的教学活动，帮助学生沿着这一路径发展（章勤琼，2019）。因此许多学者认为，学习路径在保持课程、标准、评估、教学决策和专业发展的一致性方面具有潜力（Duncan et al，2009）。

一般来说，基于学习路径分析的数学教学需要以下步骤：明确学习目标—确定学习起点—分析学习路径—设计、实施教学任务（章勤琼 等，2019a）。基于学习路径来思考小学数学单元教学时，我们仍然可以从这四个方面展开，只是需要更多地考虑单元视角（见图 0–2）。

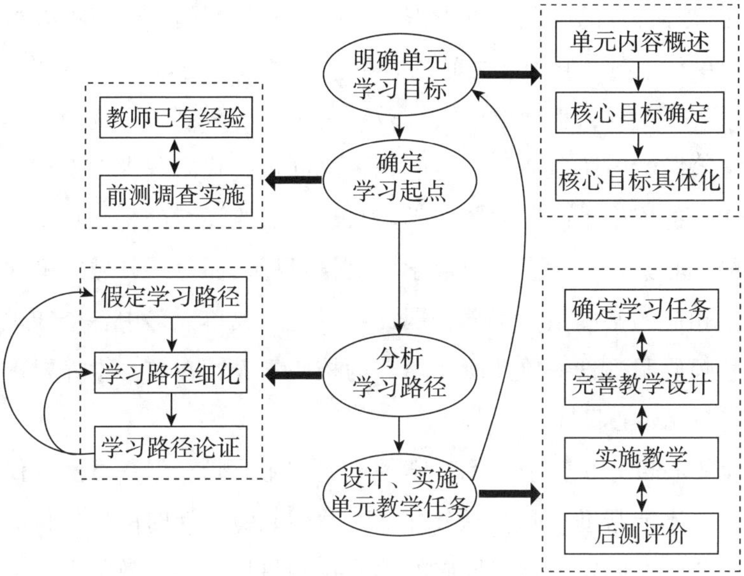

图 0–2　学习路径分析模型

（一）明确素养导向的学习目标

在学习路径分析基础上的教学设计是一种逆向的教学设计，也是基于理解的教学设计，其核心就是学习目标的确定和具体化。一个单元的总体学习目标是展开这个单元内容的学与教的前提，教师需要从系统和整体的视角来看待整个单元的目标，甚至需要跨越不同的单元进行审视（章勤琼等，2021a）。

《课标 2022 年版》的颁布进一步深化了教学改革，其中一大亮点是进一步明确了数学核心素养的内涵，并区分了同一素养在不同学段的要求。这一举措表明，数学教育应以数学素养为导向，以数学素养为归宿。因此，在学习、明确了数学素养内涵之后，我们应当研究数学不同领域或模块所集中体现的核心素养，进一步地将核心素养进行分解，使其表现与学习内容相对应。

单元核心目标的确定，首先需要教师带着批判的眼光审视教材中的单元，发现单元中各个知识点之间的联系，洞察知识之间所存在的包含关系、递进关系等。此外，教师可以突破教材中单元的限制，寻找同一领域或同一模块在不同学习阶段所呈现的知识的异同点，找出其中知识理解的水平层次变化，提炼出本阶段的单元学习目标。需要注意的是，获得数学学科所承载的核心素养是学生学习数学的最终目标，而每一领域或模块都会集中体现出相应的某些数学素养，因此在发现“大单元”中各个知识的联系之后，教师要明确这一单元所要培养的核心素养，在核心素养要求的统领之下确定单元核心目标。

单元核心目标是整个单元教学的灵魂和主心骨，但是显然，仅有这一核心目标并不能帮助教师合理分配课时并明确每个课时的主要目标和教学任务。因此，在确定了素养导向的单元核心目标之后，教师需要把核心素养内涵进行分解，并将单元核心目标进行水平上的分层，得到具体化的分目标，这些分目标即成为每一课时的主心骨，所有的教学活动任务都将为达成这些目标服务。

（二）确定学习起点

单元学习目标是思考单元整体教学的前提，也是教学要达到的终点，而学生的学习起点是单元教学的基础。在确定学生真实的学习起点时，已有的研究文献和教师的经验是非常重要的资源。除此之外，对学生进行前测，也是一种有效的手段（章勤琼 等，2021a）。有关前测我们可以研究两个问题：前测的内容和前测的方法。

1. 前测的内容

前测的目的是了解学生在单元核心目标以及课时具体目标的要求下，其目前知识掌握水平或理解水平与目标之间的距离，从而以此为依据设计教学。因此，前测务必精准才能有效。

精准的前测内容一定是直指目标的，也就是教师在编制某一单元的前测试题时，应首先厘清该单元目标和具体目标之下所对应的各个知识点，将知识点之间联系起来与目标相对应，明确哪一题检测的是哪个知识点、所体现的是哪个目标的达成度。

除此之外，试题的编制与评价不是分离的。为了方便、精准、清晰地评价，教师要设计低门槛、大空间、多层次的试题。低门槛指要确保所有学生都能在试题中有所表现，易于这一阶段学生理解；大空间指让学生能表达出真实想法，并且能展现出自己不同的做法或想法；多层次指这些做法或想法又能够体现出学生在某一目标上的不同层次。这样的试题不以对错来评判，而是体现为一种表现性评价。

2. 前测的方法

基于学习路径分析的单元教学设计是一种逆向教学设计。逆向即以终为始，从长期的学习结果出发进行有针对性的设计，因此和一般的教案相比，其目标性更强。“长期的学习结果”指的是长远的综合学业表现，而不是零散的知识记忆和片段技能（威金斯 等，2018）。目标明确之后，教师紧接着需要确定可接受的证据，也就是描述学生达到某一目标的具体表现，只有这样才能使测试的评价有依据，保持真实性和一致性，有效地评价出学生目前的水平。为了从学生的具体表现得到该生相对于目标水平的实际水平，就需要对学生的理解水平进行划分，判断学生的表现处于何种理解水平。

水平划分的标准之一是 SOLO 分类理论，这是比格斯创建的一种以等级描述为特征的学业评价方法，把学生对某个问题的学习结果由低到高划分为五个层次：前结构层次、单点结构层次、多点结构层次、关联结构层次和拓展抽象结构层次（见图 0-3）。

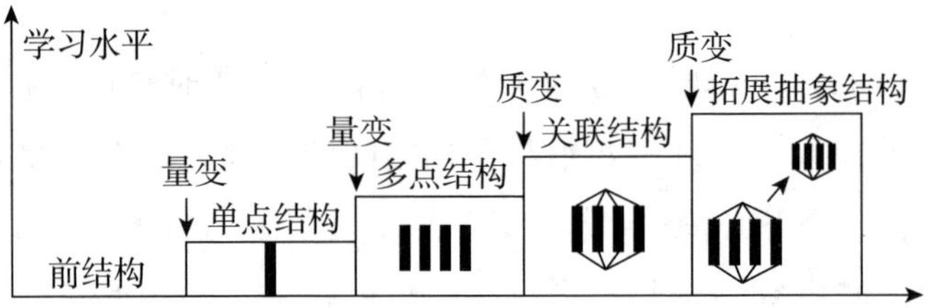

图 0-3　SOLO 分类理论的层级结构模型

依据此结构，我们即可做出如表 0-4 所示水平层次的赋值。

表 0-4　SOLO 结构水平层次与赋值表

水平层次	具体内涵	赋值
前结构层次（水平 0）	指学生不明白题目要考查的是什么，不知道如何解决一个问题，找不到解决问题的方法	0
单点结构层次（水平 1）	指学生能提取已有的知识，联想到一个知识点，并只能想到一种解决问题的方法，直接得出结论	1
多点结构层次（水平 2）	指学生能够提取已有知识，能想到不止一种方法或表征来解决问题，但不知道方法之间存在的联系（相同点或不同点）；能利用多个知识点，但也不能发现知识点之间的联系	2
关联结构层次（水平 3）	指学生能用多种方法或表征来解决问题，并知道多种方法或表征之间的联系，能综合运用多个知识点来解决问题	3
拓展抽象结构层次（水平 4）	指学生知道问题考查的本质，能将结论进行概括、抽象，能发现一种规律或抽象出一种模型，并能对这种规律或模型加以运用、迁移	4

将目标及学生理解水平分层之后，教师就可以思考前测试题中每道题的答题表现与目标水平层次之间的关系，进而将学生的答题表现进行水平层次上的划分，并进行赋值。明确了学生的答题表现与得分的一一对应关系，评价就能指向目标，有效并一致地检测出每名学生在学习本单元内容之前的水平，帮助教师精准确定学生的学习起点，为下一环节分析学习路径服务。

（三）分析学习路径

通过分析学习起点，检验目标是否达成的证据在教学活动设计之前就得以确定，教师可以据此判断学生的经验和目标之间的差距，使教学更有指向性（叶海龙，2011）。有了明确的指向之后，教师就可以对学生可能的学习路径进行分析，可以假设出可能更利于学生理解单元关键概念的学习目标道路，即将具体化的目标有序排列，使其在层次上有递进关系，并符合学生的连续性认知规律，使学生能在这个路径上一步步发展其高阶思维。此外，在单元的整体视角下，教师需要整体思考并优化教学内容，根据需要对单元内容的教学顺序进行一定的调整。

需要注意的是，假设性学习路径在设计完成后，并不是一成不变的。事实上，教师需要根据学生课堂上的学习情况以及课后测查评价来确定既定目标下的路径有无不合理之处。对不合理之处做出修改之后，教师又得到一条新的更适合学生学习理解的学习路径。

（四）单元整体教学思考

1. 基于学习路径的教学活动

在明确单元学习目标、确定学习起点、分析学习路径之后，教师就可以考虑该设计怎样的学习任务以推动教学活动的开展，促进学生对关键概念的理解。在单元整体教学中，教师需要从单元的角度来整体考虑教学活动的设计（章勤琼 等，2021a）。一般来说，教学任务或活动的设计会根据教材中的活动来展开，而经过单元整体分析之后的教学单元则需要以整体联系的眼光来看待并设计前后联系的、包含递进目标的教学任务，因此教师可以考虑对教材内容进行优化整合，对教材中的探究活动或例题顺序进行调整或对不合理的活动本身进行改造。

2. 效果检测与路径迭代

学习路径是一条假设性的路径，因此教师需要对路径进行回顾性分析和调整，在不断实践、调整的过程中予以完善。这样的研究过程事实上是一种设计研究，即由教学实践者依据假设性的学习路径进行教学实施，结合对教学过程的质性分析和教学结束后的量化分析，经过研究者和教学实践者的讨论，对假设的路径进行修正，形成修正后的设计并再次实施教学，形成设计、实施、修正的迭代循环，最终得到一个可靠有效的设计（见图0-4）。

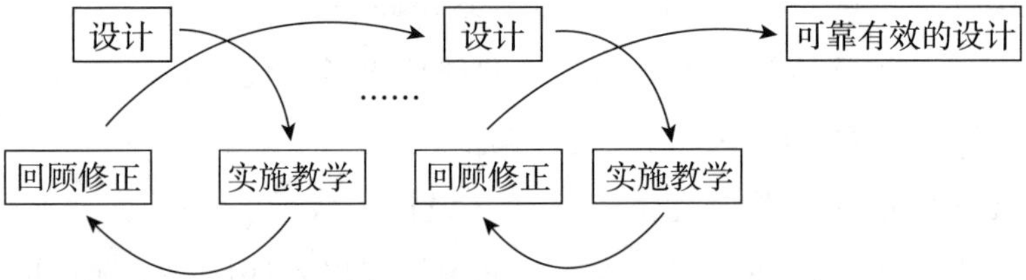

图 0-4　学习路径设计的迭代循环模型

回顾性分析和调整需要可靠的依据，这个依据便是学生的学习效果。考量学生的学习效果时，教师可以将质性分析和量化分析相结合。质性的分析可以是课堂观察或课后访谈。这里需要注意，实施课堂观察首先需要制定好课堂观察考察表，确定观察维度和维度之下的各个观察点；为了方便观察记录，还可以由教师对相关数据进行编码；另外还需安排多位老师参与学生的课堂，坐在学生小组中进行观察。量化的分析可以是编制后测试题，在学生完成本单元学习之后对其进行检测。后测题在题量和题目结构上应与前测保持一致，但对于题目的顺序、情境以及数字的选择教师可以有不同的思考（章勤琼 等，2019）；赋分标准也应与前测保持一致，体现出学生对目标的把握程度（即理解层次）。

通过分析，教师能够得出现有路径以及路径之下的教学活动设计、教学实施过程中不合理的地方，进而对路径进行调整、对活动任务进行完善、对操作材料进行简化、对教师教学过程中的语言和行为进行规范。总之，学习路径的设计不是一劳永逸的，需要根据实践过程中学生的表现和水平变化做出修正，在多次的迭代设计、实施中得到一条更为合理、完善的学习路径以及路径之下的单元教学安排。

单元整体教学是一个系统设计，需要有一个行之有效的思考框架作为教学设计与行为背后的理论支撑。基于学习路径的分析框架，以终为始，从学生需要达成的核心目标出发，对核心目标进行具体化，针对具体内容设计表现性评价框架，了解学生的学习起点，分析相应的学习路径之后有针对性地设计教学活动，在教学后对学生的理解水平进行检测，更好地了解教学效果，从而进行更有针对性的后续教学（章勤琼 等，2021a）。

·第一章·

『数与代数』内容的单元整体教学

可以说，『数』统治着『量』的世界，而四则运算可以被视为数学家的所有装备。

——麦克斯韦

在国际上，数学课程标准对“数与代数”主题内容的处理大致有两种方式。一种是整合式处理，把相互独立又具有共通性的内容放在一个主题下，如把所有不同类型的数的认识合为“数的认识”，把所有运算合为“数的运算”等。另一种是分类式处理，不同年级安排不同的主题内容，如“整数的认识与运算”“分数的认识与运算”“小数的认识与运算”等。此外，许多国家对“数与代数”内容进行了结构化统整，突出对数与运算中计数单位这一核心概念的理解，而不是对规则和方法的简单获得；同时突出对数量关系的理解以及对模型的建构与运用。结构化统整有利于学生将数学概念知识相联结，进而建构这些数学对象之间的关系；同时可以使内容得到更广的拓展，有助于学生完善自己的数学思维结构，发展高阶思维。我国和其他国家的教学大纲或课程标准中“数与代数”内容的改革呈现出一些共通的趋势，也体现了“数与代数”内容的结构化特征。（史宁中 等，2022）[113-114]

与《义务教育数学课程标准（2011 年版）》（以下简称《课标 2011 年版》）一样，《课标 2022 年版》同样将数学分为“数与代数”“图形与几何”“统计与概率”“综合与实践”四个内容领域，但对每个内容领域的主题进行了相应的整合。譬如，在“数与代数”领域中，《课标 2022 年版》将“数的认识”“数的运算”“常见的量”“探索规律”“式与方程”“正比例、反比例”整合为“数与运算”和“数量关系”两个主题。这不仅是主题名称的变化，更是对相应内容的处理方式的变化。这种变化具体在两个维度上体现了内容的一致性：一是横向上加强了不同主题之间的关联，在核心概念、基本规律、基本运算和基本事实上建构了数的概念与运算的一致性框架，因此，数的运算的学习要建立在对数的意义的理解之上；二是纵向上加强了同一主题下不同内容的整体性。

因此，教师在数的认识和运算的教学中要有整体的视角，让学生认识到计数单位的重要性，对内容形成结构化的认识，建立有意义的关联，从而让所学内容具有更好的迁移性。在对“数与代数”具体单元的教学中，教师就需要做这样的思考，加强对计数单位的认识的重视，并在此基础上进行运算教学。

第一节 “数的认识”单元整体教学

数的认识从整数的认识开始，在第一、第二学段由万以内数的认识拓展到万以上数的认识；小数和分数的认识安排在第二、第三学段，由小数、分数的初步认识到小数、分数意义的理解。数的认识的本质特征是数量到数的抽象，整数是从 1 开始对数量的表达，小数和分数是对单位小于 1 的数量的表达（史宁中 等，2022）[131-132]。

在数的认识中，学生需要认识到，从数的建构规则而言，所有数（自然数、小数、分数）的本质是一致的，都需要先明确计数单位，再确定单位的数量。如 2 是 2 个“一”，20 是 2 个“十”，0.2 是 2 个“0.1”，$\frac{2}{5}$ 是 2 个“$\frac{1}{5}$”。

在数的理解中，十进位值制是最重要的概念。理解位值制概念，至少有以下几个内容：一是理解数是由有限个抽象符号组成的，有满“10”进一的规则；二是同一个数字在不同的数位上表示的大小不同；三是所有数都是由各数位上的数字组合而成的；四是这样的数的组成方式是可以一直推广的，包括小数部分。如果对应小学阶段“数的认识”的内容，我们可以得到表 1–1 的对应关系：

表 1–1　位值制概念理解层次与“数的认识”内容的对应关系

位值制概念理解层次	“数的认识”内容
1. 最多有“10”个数字，满“10”进一	十以内数的认识
2. 同一个数字在不同的数位上表示的大小不同，可以按照数位来数	百以内数的认识

续表

位值制概念理解层次	“数的认识”内容
3. 满“10”进一可以延续，数的大小是不同数位上表示的数值大小的累加	万以内数的认识
4. 位值制规则可以一直迁移延续下去，能够分级计数	大数的认识
5. 位值制规则可以往小数部分延伸，将单位十等分后可以得到更小的计数单位	小数的认识

一般认为，在小学阶段认识完大数与小数以后，学生对于十进位值制的理解就建构完成了。至于分数的认识，同样需要以分数单位的产生和度量为重要基础。

一、“万以内数的认识”单元：如何通过数数深刻理解数的意义

数源自数，数数时学生需要知道满“10”可以产生一个新的计数单位，理解不同计数单位的意义和价值，明白数的大小是不同数位上表示的数值大小的累加。因此，数数的过程不仅能帮助学生理解数的意义，还能帮助学生根据数的意义来理解读数写数、比较大小和估数。具体到“万以内数的认识”单元中，教材提供了不同的数数任务帮助学生理解数的意义。然而在实际教学中，教师往往因为数数任务过于简单而不够重视，并没有想办法帮助学生理解数数背后的数学本质，导致学生没有充分经历数数活动，进而无法很好地感知计数单位的共同结构与特征。那么，如何根据学习目标来设计合适的数数任务，又怎么深度挖掘数数任务背后的数学本质，落实数的意义呢？基于学习路径分析，我们对这一单元进行了整体教学的思考。

（一）明确素养导向的学习目标

1. 明晰核心素养内涵，确定核心目标

确定素养导向的学习目标，需要分析核心素养在学习内容中的具体表

现。结合《课标 2022 年版》中对“万以内数的认识”单元核心素养的内涵和学段目标、内容要求、学业质量以及教学提示的相应描述，我们整理、分析得到表 1–2，教师可以借此来分析素养与单元内容的关联。

表 1–2 “万以内数的认识”单元核心素养内涵及关联内容

数感	能够在真实情境中理解数的意义，能用数表示物体的个数或事物的顺序
学段目标	经历简单的抽象过程，认识万以内的数，形成初步的数感、符号意识
内容要求	在实际情境中感悟并理解万以内数的意义，理解数位的含义，知道用算盘可以表示多位数；在解决生活情境问题的过程中，体会数的意义，形成初步的符号意识、数感
学业要求	能用数表示物体的个数或事物的顺序，能认、读、写万以内的数；能说出不同数位上的数表示的数值；能用符号表示数的大小关系，形成初步的数感和符号意识
教学提示	应提供学生熟悉的情境，使学生感受具体情境中的数量，可以用对应的方法，借助小方块、图片和小棒等表示相等的数量，然后过渡到用数字表达，使学生体会可以用一个数字符号表示同样的数量；知道不同数位上数字表示不同的值；通过数量多少的比较，理解数的大小关系。在这样的教学活动中，帮助学生形成初步的符号意识和数感
学业质量	能结合具体情境，认识万以内的数及其大小关系，形成初步的数感、符号意识

根据表 1–2 和单元内容可知，“万以内数的认识”的学习目标和要求主要包含以下四个方面：（1）理解万以内数的意义；（2）会读数写数；（3）会比较数的大小；（4）能结合具体情境进行估数。理解数的意义能帮助学生理解读数写数、比较数的大小和估数。因此，本单元的核心目标是：（1）理解万以内数的意义；（2）在理解数的意义的基础上进行运用，包括读数写数、比大小和估数。

2. 分析核心目标，提炼具体表现

确定上述核心目标后，我们还需要根据十进位值制的内涵分析核心目标“理解万以内数的意义”和“在理解数的意义的基础上进行运用”的内涵，形成具体的表现性目标（见表 1–3）。

表 1–3 “万以内数的认识”单元核心素养导向下核心目标的表现性目标

核心素养内涵	核心目标	表现性目标
能够在真实情境中理解数的意义，能用数表示物体的个数或事物的顺序	理解万以内数的意义	1. 能根据计数单位“一”“十”“百”及其关系，理解满十产生的新计数单位“千”和“万”
		2. 能根据计数单位的直观模型，说明不同数位上的数字具有不同的意义
		3. 能使用计数单位数数，并在理解和比较不同方法的基础上，理解数数的顺序和方法不会改变结果
		4. 能选择合适的计数单位作为标准进行估计，并在理解和比较不同方法的基础上，体会参照的计数单位不同，结果的精确度也不同
		5. 能根据直观模型认识数位顺序，感受计数单位之间的关系
	在理解数的意义的基础上进行运用	1. 能结合具体情境中数的意义，尝试读数，提炼读数的方法；能结合数的读法，根据不同数位的意义，尝试写数，提炼写数的方法
		2. 能结合“比一比”的现实情境，用自己的方式记录和表达比较大小的方法；能在解释和对比中提炼大小比较的方法；能根据情境灵活比较数的大小
		3. 能结合情境，用自己的方法估数，并在理解和比较不同方法的基础上，体会参照量不同，结果的精确度也不同；能根据已知数的大小，在数轴上标出所给数的位置

（二）确定学习起点

学生是否真正理解和掌握了计数单位，关键看他们能否在计数中选取合适的单位，因此我们从数数和估数两个角度考查学生对计数单位的理解情况。具体来说，我们对二年级 41 名学生进行学前测试及访谈，并结合 SOLO 分类理论进行分析。

▲ 测试题 1　数数：通过数正方体的活动，了解学生对计数单位的理解情况（见表 1–4）。其中，87.8% 的学生处于水平 1，这部分学生在数数时没有想到满十会产生更大的计数单位从而更快地数数，或者想要

一十一十地数数，但每个“十”都要从 1 数到 10，这说明处于该水平的学生没有建立计数单位的概念。7.3% 的学生能够产生计数单位“十”的意识并以“十”为单位来数数，处于水平 2。只有 4.9% 的学生能满十产生新的计数单位“十”“百”并以此来数数，达到水平 3。

表 1–4　学生计数单位理解前测结果

测试题目	水平层次	划分依据	具体表现	占比
数正方体（约 227 个），先说一说你准备怎么数，再来数一数这里一共有多少个正方体	水平 1	数数时没有使用计数单位“十”“百”	1. 6 个 6 个数；1 个 1 个数 2. 想要以“十”为单位，但每个十都是从 1 数到 10 逐一数出的	87.8%
	水平 2	数数时使用计数单位“十”	1. 数出 1 个“十”摆成一条，以一条为标准 10 个 10 个数，数数结果错误（2.4%） 2. 数出 1 个“十”摆成一条，以一条为标准 10 个 10 个数，数数结果正确（4.9%）	7.3%
	水平 3	数数时满十产生新单位“十”“百”并以此为单位数数	数数时 10 个 10 个数，知道满 10 个“十”形成一个“百”，再用“百”为单位数	4.9%

▲ 测试题 2　估数：通过估计红豆数量的活动，了解学生关于数量估计的策略（见表 1–5）。约 95% 的学生处于水平 1，老老实实数一部分后凭直觉加上一个数，所得结果非整十数。在访谈中我们发现，这些学生确实认为结果也是几百几十几这样非整十数，这说明他们在数数时没有“单位”意识。仅 4.9% 的学生处于水平 2，能够以一个数为单位进行估计。

表 1–5　学生数量估计策略前测结果

测试题目	水平层次	划分依据	具体表现	占比
估一估，这里有多少粒红豆?	水平 1	没有寻找单位并以此为基准，凭直觉得到结果	1. 凭感觉猜测 2. 准确数一部分，（因时间限制或数烦了）凭直觉加一个数得到结果	95.1%
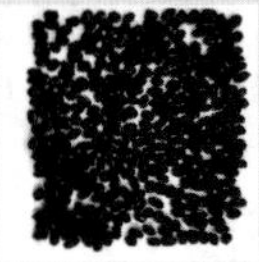	水平 2	能选择一个数为基准单位，较快地估出一个结果	1. 以一行为基准，进行估计得到结果 2. 估出 100，然后以它为单位，进行估计得到结果	4.9%

前测结果显示，87.8% 的学生对计数单位“十”的理解不足；7.3% 的学生不会根据计数需求，满十产生新的计数单位“百”从而使用“百”来数数。教学时教师需要通过数数帮助学生体会计数单位的价值，发现计数单位共同的特征，体会十进制思想。约 95% 的学生对数量估计没有策略。教学时，教师要帮助学生形成以单位为基准估数的策略。

（三）单元整体教学思考

对计数单位的认识，不仅仅是形式上的记忆，还需要让学生感受计数单位产生的价值，了解不同计数单位产生的必要性和意义，概括计数单位的共同结构与特征（闫云梅 等，2009）。考虑学前测试中了解到的学生对计数单位认识不足，教学时教师可先让学生学习计数单位“千”和“万”，在相似内容的学习中通过不断对比、反思深化对计数单位的理解，这样能更好地帮助学生以数的意义为基础来理解读数写数、大小比较及估数。由此，我们确定本单元的学习路径，并结合具体化目标设计相应的教学任务，具体如表 1–6 所示。

表 1–6　“万以内数的认识”优化后的单元整体安排、具体化目标和核心任务

课时	内容	具体化目标	核心任务
1	千的认识	1. 理解满十可以产生新的计数单位，能更快地数数；在理解计数单位“个”“十”“百”及其关系的基础上，理解 10 个一百是一千 2. 知道不同数位上的数字具有不同的意义 3. 能用自己的方法边拨计数器边数，并在理解和比较不同方法的基础上，理解数数的顺序和方法不会改变结果	任务一：数正方体数量 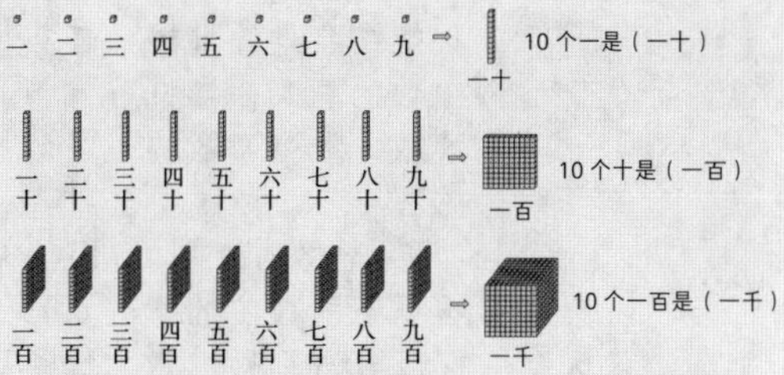 任务二：用自己的方式表示 777 任务三：从 777 数到 1000

课时	内容	具体化目标	核心任务
1	千的认识	4. 能用计数单位估计数量，并在理解和比较不同方法的基础上，体会参照单位不同，结果的精确度也不同	任务四：想一想，再从下图中大致圈 1000 个 
2	万的认识	1. 在理解“个”“十”“百”“千”及其关系的基础上，理解 10 个一千是一万 2. 能根据直观模型认识数位顺序，理解计数单位的关系 3. 知道数的大小是不同数位上的数字表示的数值大小的累加 4. 能用自己的方法边拨计数器边数，并在理解和比较不同方法的基础上，理解数数的顺序和方法不会改变结果	任务一：根据直观模型一千一千地数到一万 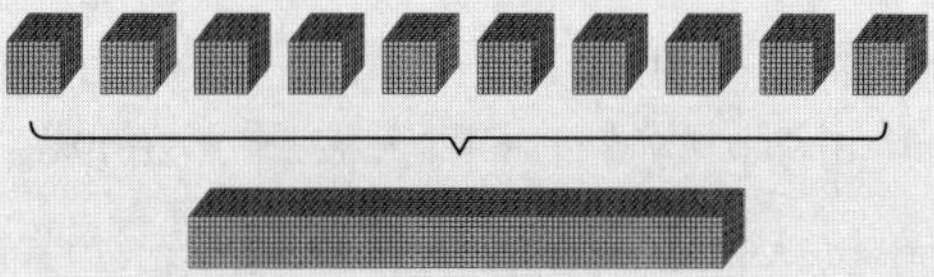 任务二：制作数位顺序表 每一个计数单位都分别对应着一个数位，现在请用你认识的计数单位及其对应的数位制作一份数位顺序表 任务三：用不同的方法表示 7887 任务四：用计数器边拨边数，从 7887 数到 10000
3	数的读写	1. 能结合具体情境中数的意义，尝试读数，掌握读数的方法 2. 能结合数的读法，根据不同数位的意义，尝试写数，掌握写数的方法	任务一：说说计数器上数的组成，再读出来 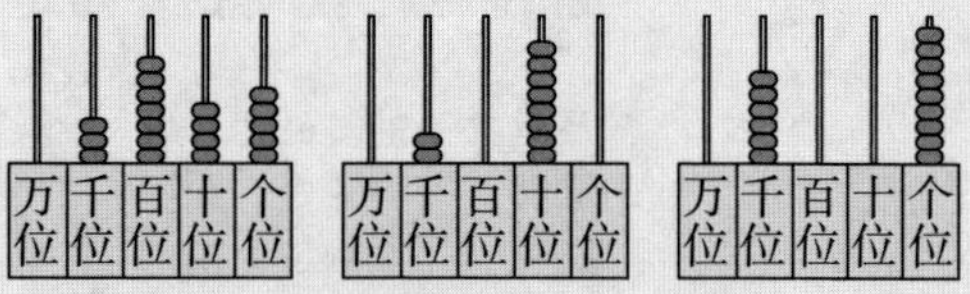 任务二：在数位顺序表上写一写，并说说为什么这么写 一千三百四十二，三千零六十九，七千零一，二千七百 任务三：阅读算盘介绍 （1）尝试在算盘上拨数 2014

续表

课时	内容	具体化目标	核心任务
3	数的读写		（2）写并读出算盘上拨的数 算盘是中国人发明的计算工具，迄今已有一千多年的历史。用算盘计数，要先确定个位。个位上，1 颗下珠表示一，1 颗上珠表示五。 个位满十，就往左面的一位（十位）进一。
4	大小比较	1. 能结合“比一比”的现实情境，用自己的方式记录和表达比较大小的方法 2. 在解释和对比中理解大小比较的方法 3. 能根据情境灵活比较数的大小	任务一：用自己的方式给下面 4 座山排序，并说明理由  海拔约 1865 米  海拔约 575 米  海拔约 1533 米  海拔约 2155 米 任务二：对比分析万以内数的大小比较有什么共同的方法 任务三：猜数游戏 如下图所示，两人一组，猜数的人提问，另一人只能回答“对”或“不对” 

课时	内容	具体化目标	核心任务
5	估数	1. 凭感觉估计，感知估计结果的随意性和差距 2. 能结合情境选择合适的参照量，以部分估计整体 3. 能根据数线，标出数的大概位置	任务一：快速估计下图中有多少个字  我国古代数学家祖冲之，从小热爱读书，人们称赞他是个博学的青年。他经常观测太阳等星球的运行情况，测定出的月亮绕地球一周的天数非常精确，跟现代科学测定的结果相差不到 1 秒。 祖冲之在世界各国都颇受尊重。在法国巴黎科学博物馆的“发现宫”中有祖冲之的名字和他发现的圆周率值，西方科学家还把月球上的一个火山口命名为“祖冲之口”。 任务二：想一想，怎么能比较准确而且比较快速得到估计的结果，并用简单的方式表达出来 任务三：估一估下图黄豆有多少颗  任务四：长白山主峰海拔约 2691 米，请你在数线上标出“2691”的位置，并解释自己是怎么想的  

（四）核心课时任务设计

数的认识中最重要的是对计数单位的理解。数起源于数，数数能让学生充分体会计数单位的意义，是非常简单的学习任务（闫云梅 等，2009）。下面我们以“千的认识”为例，说明如何在深度挖掘数数这样的简单任务中落实数感。

任务一：数正方体数量

首先，一个一个地数。从一数到十时，教师需要引导学生讨论：“数到十之后，你会怎么处理？”引导学生感知满十后可以产生新的计数单位。这时教师也可以追问：“现在有了‘十’这个单位了，可以做什么？”这让学生体会计数单位“十”产生的价值。

其次，一十一十地数。教师要先帮助学生直观理解数的意义，例如在学生数到二十、三十的时候，引导学生讨论：“二十、三十”是什么意思？让学生根据“三条”来理解“三十”中“三”和“十”的含义。然后，教师需要再次引导学生感知单位产生的价值，例如在学生数到九十、一百之后，让学生讨论：9 个“十”之后是 10 个“十”，为什么不说“十十”而说“一百”？这让学生再次感知满十就可以产生新的计数单位。此时教师也可以追问：“有了‘百’这个单位，可以做什么？”这让学生体会新的计数单位产生的价值之一是可以更快地数数。

再次，一百一百地数。教师也要先帮助学生直观理解数的意义，处理方式和教学从十数到百类似，例如数到二百、三百时，引导学生讨论“三百”是指什么意思，让学生借助结构化的材料理解数的意义。在学生数到九百、一千后，教师可以引导学生讨论为什么不说“十百”，而说“一千”，让学生体会满十进一可以延续，单位越大数得越快。

最后，教师要让学生回顾刚才三次数数的过程，鼓励学生说出数数过程中的相同点和不同点。例如学生会有以下的发现：数数的共性都是从一数到九，只是计数单位“一”“十”“百”不一样；满十就可以产生新计数单位；等等。学生经历这样三次类似的数数过程和对比分析过程，才能在不断的迭代中体会计数单位来自满十进一的延续，理解计数单位的产生和价值，感受计数单位的共性，从而把握十进制思想。

任务二：用自己的方式表示 777

教师通过学生使用的不同方法可以看出学生对计数单位的理解。例如，学生的理解情况可能会有两个层次：画出和相关数量对应的若干个图形；对应计数单位或数位画出对应个数的图形。教师需要根据学生对计数单位的理解情况，及时帮助学生再次理解“计数单位和位值”。

任务三：从 777 数到 1000

首先，理解学习任务。例如，教师需要帮助学生理解什么是边拨计数器边数边记录，以及可以用不同的数数方法数到 1000。其次，独立思考，让学生用自己的方式从 777 数到 1000。例如，学生可能出现三个层次的数数方法：1 个 1 个数、10 个 10 个数、用单位的不同转化来数。再次，合作交流。在合作交流前，教师需要先组织学生“选择其中的一种方法在小组中数一数”，理解他人的方法；再让学生独立思考“仔细观察这些方法，有什么相同点和不同点”，并让学生在小组中交流自己的发现。在此基础上，学生才能在全班交流中体会虽然数数的顺序和方法不同，但都能数到1000，只是有的数数方法比较快，有的比较慢。最后，选择从高位（百位）开始数的方法。通过放慢从777数到1000的过程，教师让学生体会单位的连续转化，突破难点。

任务四：大致圈1000个

首先，理解学习任务。例如，学生在阅读学习任务后，教师可以提问："这个任务，你知道要做什么吗？”教师根据学生的反馈，帮助学生理解学习任务。其次，独立思考。教师要鼓励学生用自己的方法尝试大致圈出1000个。学生可能会有几个层次：完全凭感觉圈出1000个；老老实实数出1000个；大致圈出100个后，在此基础上圈出“千”；先大致圈出10个，在此基础上圈出“百”，进而圈出“千”。最后，合作交流。教师需要引导学生理解或认同他人的做法，例如“能不能看明白他是怎么做的，以及为什么他要这样做”；在此基础上，让学生独立思考“这些方法有什么相同点和不同点”后，进行小组交流，说说自己的发现。在全班交流中，学生体会能够利用单位进行估算，选择的单位不同，结果的精确度也不同。

二、“小数的意义”单元：如何促进对数的意义的一致性理解

《课标2022年版》指出，数学课程内容的一大特点就是整体性。教材编写与教学设计应当突出核心内容，呈现不同数学知识之间的实质性关联。从知识习得过程来看，整数、分数、小数本质上是一个整体，从数的组成角度而言都是基于“计数单位”建构的。数的发展过程就是计数单位的发展过程。整数和小数的计数单位是十、一、0.1等，分数的计数单位就是分数单位。建构整数、分数与小数的关键就是计数单位（巩子坤 等，2022）。但是，从当前的教材和教学来看，对整数、分数、小数的认识都各有其不同的习得方法，这些知识、方法之间内在的整体性、一致性不足。

对小数的理解，在《课标 2022 年版》中分别被安排在第二、三两个学段进行。第二学段要求学生结合具体情境初步认识小数；第三学段要求学生结合具体情境探索并理解小数的意义，感悟计数单位。教学“小数的意义”前，学生已经认识了整数、分数。认识数的关键是理解数的建构方法，那么如何体现所有数都是基于计数单位来建构的？另外，“小数的初步认识”的学习和“分数的初步认识”的学习，会为“小数的意义”的学习带来哪些“帮助”和“阻碍”？纵观各版本教材，它们基本上有两个路径来帮助学生理解小数的意义：一是直接将“1”平均分成不同的份数，从而分别得到不同小数，即把“1”平均分成 10 份，每份是十分之一，也可以说是 0.1；把“1”平均分成 100 份，每份是一百分之一，也可以说是 0.01；把“1”平均分成 1000 份，每份是一千分之一，也可以说是 0.001。但是，如果只基于这样的认识经验，学生在对十进分数的改写过程中会遇到困难。二是以分数的意义来认识小数。然而，分数本身有多种不同的意义。学习“小数的再认识”之前，学生对分数的认识是“部分与整体”的关系。此时学生理解的分数，是一种关系，而不是一个“数”。因此，学生并没有认识基础来从“数”的意义层面关联分数与小数，很难真正从计数单位的角度来认识小数的意义。

事实上，从数的认识的一致性角度来说，对小数的认识是对整数的认识的延伸。理解整数的核心是“满十进一”，那么理解小数的核心就是“一分为十”，也就是当单位太大时，我们可以对单位进行分割，而分割的方法就是一直将单位平均分成十份，从而得到更小的单位。跟整数部分“满十”后产生更大的单位一样，小数部分这样一直细分为十份后产生更小的单位，也是可以一直迁移下去的。

可以认为，学生如果真正理解了小数的意义，就真正建构了对十进位值制的理解。然而，对于小数的意义的理解，不是一蹴而就的，而是一般在小学分两阶段学习，分别是三年级的“小数的初步认识”和四年级的“小数的意义”。这两个阶段对小数的学习有不同的要求。在初步认识时，学生需要结合情境认识到：还有比 1 小的数；把 1 平均分成 10 份，会产生小数，每一份是 0.1，取其中的几份就是零点几。要进一步理解小数的意义，学生需要在将 1 平均分成 10 份得到 0.1 的基础上理解：如果还需要更小的单位，就能迁移得到 0.1 的方法，将 0.1 再分成 10 份得到 0.01，以此类推可以得到更小的小数单位。此外，跟整数一样，小数也是由不同的小数单位累积组成的，而且不同的小数单位可以互相转化。而要真正理解小数，其中 0.01 的产生至关重要。学生需要能理解将 1 平均分成 10 份得到 0.1，再将 0.1 平均分成 10 份得到 0.01 的过程，而非直接将 1 平均分成 100 份得到 0.01 的过程。

从单元整体教学的角度来看“小数的意义”这部分内容的教学，我们怎样能更好地帮助学生理解小数的意义？基于学习路径的分析，我们对这一单元进行了整体教学的思考。

（一）明确素养导向的学习目标

1. 明晰核心素养内涵，确定核心目标

表 1–7 “小数的意义”单元核心素养内涵及关联内容

数感	能在真实情境中理解数的意义，能用数表示物体的个数或事物的顺序
学段目标	理解小数的意义，形成符号意识、推理意识
内容要求	结合具体情境探索并理解小数和分数的意义，感悟计数单位；进一步发展数感和符号意识
学业要求	能用直观的方式表示小数；能在实际情境中运用小数解决问题；进一步发展符号意识和数感
学业质量	认识自然数的一些特征，理解小数，形成数感

分析表 1–7 和“小数的意义”的单元内容可知，本单元的学习目标和要求主要有以下三点：（1）理解小数的意义；（2）感悟计数单位；（3）能在实际情境中运用小数解决问题。其中，第一点是本单元的核心目标。

2. 分析核心目标，提炼具体表现

确定核心目标后，我们需要将核心目标具体化，提炼具体表现，并形

成水平层次，这样才能真正在每一节课中指导教师的教学行为。“小数的意义”对学生理解小数知识具有核心作用。对小数意义的理解程度直接影响学生对小数知识的掌握程度。从小数意义的层面讲，小数意义可以分为数位意义和“整体—部分”意义两个纬度，具体内涵如下。

（1）数位意义

数位意义就是小数的构数系统意义。在学习“小数的初步认识”时，学生已经知道只有将“1”平均分成 10 份才能产生小数，其中的几份就是零点几。在这个基础上，学生需要知道“1”可以细分产生更小的计数单位 0.1，0.1 也可以继续细分（分成 10 份）得到更小的计数单位 0.01，以此类推。

（2）“整体—部分”意义

“整体—部分”意义就是讲小数是十进分数的另一种形式，即要理解小数的具体内涵，通过小数反映部分与整体的关系，形成数位意义与“整体—部分”意义的联结，把握小数在不同情境下内涵的反映。

由此，核心素养导向下核心目标的表现性目标形成（见表 1-8），教师可以根据表现性目标来设计和调控教学。

表 1-8 “小数的意义”单元核心素养导向下核心目标的表现性目标

核心素养内涵	核心目标	表现性目标
能在真实情境中理解数的意义，能用数表示物体的个数或事物的顺序	理解小数的数位意义	1. 知道“1”可以继续细分产生更小的数；知道将单位进行十分后可以得到更小的单位并一直延续下去；能与整数“十进”计数统一关联到十进制思维上来
		2. 能借助计数器拨出简单的小数，构建小数的计数系统，认识小数的计数单位；知道数的组成，明白小数和整数都是由各个数位的位值相加构成的，体现数概念的一致性
		3. 根据列出的数轴、面积、群组、货币以及抽象的数位位值情境下的小数示例，能互相联结，在每一种情境中说出各个数位的计数单位，并用不同表征方式表示同一个小数

续表

核心素养内涵	核心目标	表现性目标
能在真实情境中理解数的意义，能用数表示物体的个数或事物的顺序	理解小数的"整体一部分"意义	1. 结合具体情境，通过观察比较，能区分3串和0.3串，理解小数中的单位量其实就是分数中的整体"1"，需要以后面的单位为"1"来分割；能通过分数"整体一部分"意义理解小数作为"数"的意义
		2. 通过多元情境（连续的、离散的）中的等分图和非等分图、十等分图和非十等分图，能正确筛选涂色部分表示的小数，理解小数中等分的意义
		3. 结合具体情境，感知小数点两边数的大小及大小单位之间的关系，进一步理解不超过"1"的部分还要看单位量来确定每份的数量；能把小数应用到非十等分的情境中

（二）确定学习起点

小学阶段学生接触的数有整数、分数、小数，其中小数的学习是整个数系统的学习的重要组成部分。要理解小数的意义，学生需要从整个数系统去思考。像理解整数一样，学生要理解小数的计数单位以及构数系统。刘加霞等（2007）将学生对基本知识的理解水平进行了划分：（1）事实性水平——只知道所学内容是什么；（2）概念性水平——能解释为什么；（3）方法性水平——能沟通知识之间的本质联系与区别，形成概括性认识；（4）主体性水平——能灵活运用知识，创造性地解决问题。

依据四个水平，我们对认识小数的水平进行了描述，并对学生进行了前测。有超过80%的学生处于事实性水平与概念性水平，能达到方法性水平与主体性水平的学生极少。学生具体的表现水平如表1-9所示：

表1-9 "小数的意义"理解前测结果

水平	内容	具体描述	比例
水平0	无	不能正确描述何为小数	10%
水平1	事实性水平	能从形式上认识小数，还能正确描述	52%
水平2	概念性水平	在实际情境中会用小数的数位意义解释小数	31%

续表

水平	内容	具体描述	比例
水平 3	方法性水平	理解“整体一部分”意义，并会应用到非十进率的情境中，如时间等	5%
水平 4	主体性水平	能构建数位意义与“整体一部分”意义的联结，解决层次较高的小数意义问题	2%

基于测评和统计分析，我们可以确定学生的学习起点和理解难点（见表 1-10）。

表 1-10　学生学习“小数的意义”的起点与理解难点

目标	学习起点	理解难点
数位意义	知道把“1”平均分成 10 份，每份是 0.1，但是认为无法继续细分下去，认为 0.1 的后面就只能是 0.2	整数是十进位值计数，小数是十分位值计数，无法统一上升至十进制思维
“整体—部分”意义	可以在“元角分”“长度”等十进环境中利用“整体—部分”意义理解小数	凸显小数的单位量，并能迁移到非十进率情境中表征小数的意义，从整体视角上关联整数、小数、分数

因此，知道小数是“十分”来的是学生理解小数意义的认知起点；用多种表征方式描述小数和把小数应用到像时间这样的非十进率的情境中是学生的认知难点。

（三）分析学习路径

基于小数的两种意义，以及对学生学习起点和理解难点的分析，对于“小数的意义”的学习，我们可以确定如下学习路径。

首先，认识小数的数位意义并进行表征。第一，学生要结合面积模型、立体模型等不同模型，理解小数的“十分”本质。第二，在构造数的规则上，学生要理解小数是由各个数位的位值相加构成的，这与整数的构数规则保持一致。第三，学生还要根据列出的数轴、面积、群组、货币以及抽象的数位位值情境下的小数示例，互相联结，在每一种情境中说出各个数位的计数单位，并用不同表征方式表示同一个小数。表征小数是理解小数的重要活动，通过多样化的表征，教师促使学生以不同思维方式进行转化思考，最终抽象出它们的共同属性，回归数位位值意义。在这个不断转化、抽象的过程中，概念就形成了。

其次，理解小数的“整体—部分”意义。理解“整体—部分”意义的关键在于凸显小数的单位量。在三年级“分数的初步认识”的学习中，学生知道分母就是把单位量平均分成几份，分子表示的是其中的份数，所以学生在学习分数的时候特别强调单位“1”的量。然而，在学习小数内容时，单位量的教学被弱化了，导致学生对“整体—部分”意义的理解有困难。所以，加强小数与分数的关联，教师就要重视小数中单位量的概念，可以提供多元化的情境凸显小数的单位量。因此，教师可以分以下三个方面帮助学生逐步理解：第一，在纯小数中凸显单位量。纯小数中没有整数部分的干扰，教师通过分数与小数的联系，让学生明晰 0.3 串的单位量是 1 串。第二，让学生在连续型和离散型情境中充分体验十等分概念。情境可以是线段、月饼、纸等连续型的，也可以是一盒饼干（包含 10 片、100 片等）等离散型的，这样学生不仅知道 $0.1=\frac{1}{10}$，还会关注到把单位量平均分成了 10 份、100 份，其中的 1 份有可能是单个的也有可能是多个的，加深对“整体—部分”意义的理解。第三，让学生在多元化情境中感知带小数的小数点两边数的大小及大小单位之间的关系。除了长度情境，教师要尽可能提供离散型情境，帮助学生认识小数点左边表示的是几个“1”，小数点右边表示的是不超过“1”的部分，这个不超过“1”的部分还要看单位量来确定每份的数量，从而更有助于学生理解小数的“十分”以及“整体—部分”意义。

（四）单元整体教学思考

综上所述，结合单元学习目标和学生的学习起点，我们对教材内容进行了优化调整，把“小数的意义”分成两个模块来进行教学：一是数位意义。教师要从小数意义的本质“十分”引入，帮助学生理解数位意义，认识从整数延伸到小数，由离散型转化为连续型，也就形成了小数的稠密性特征。二是“整体—部分”意义。教师要设计多元化情境强化小数与分数的关系。突出“整体—部分”意义的教学，意在让学生形成小数就是分数的一种特殊表示形式，两者之间是等价的认识。每个模块设置 3 课时，共 6 课时，与整合前教材课时数相同。教学重点是让学生从多元化角度理解小数，建立小数是分数的另一种特殊表示形式的概念。

“小数的意义”单元优化后的整体安排和学习目标如表 1-11 所示。

表 1-11　“小数的意义”优化后的单元整体安排和学习目标

模块	课时名称	学习目标
数位意义	小数的产生	知道“1”可以继续细分产生更小的数；知道将单位进行十分后可以得到更小的单位并一直延续下去；知道十进制的位值原则是小数能够产生的根本原因，也是整数与小数能得以沟通的原因
	小数的构造	能借助计数器拨出简单的小数，构建小数的计数系统，认识小数的计数单位；知道数的组成，明白小数和整数都是由各个数位的位值相加构成的，体现数概念的一致性
	小数的应用	根据列出的数轴、面积、群组、货币以及抽象的数位位值情境下的小数示例，能互相联结，在每一种情境中说出各个数位的计数单位，并用不同表征方式表示同一个小数
“整体—部分”意义	凸显单位量	结合具体情境，通过观察比较，能区分 3 串和 0.3 串，理解小数中的单位量其实就是分数中的整体“1”，需要以后面的单位为“1”来分割；能通过分数“整体—部分”意义理解小数作为“数”的意义
	体验十等分	通过多元情境（连续的、离散的）中的等分图和非等分图、十等分图和非十等分图，能正确筛选涂色部分表示的小数，理解小数中等分的意义
	小数点左右两边的关系	结合具体情境，感知小数点两边数的大小及大小单位之间的关系，进一步理解不超过“1”的部分还要看单位量来确定每份的数量；能把小数应用到非十等分的情境中

三、“分数的意义”单元：如何以度量意义为主线理解分数概念

从整数到分数是数概念的一次重要扩展，是数的认识的一次质的飞跃。分数没有沿袭自然数和小数的十进位值制计数系统，是小学阶段数学学习的一个难点。对于不同阶段分数的教学应该突出怎样的意义，教材中并没有做出明确的说明。有研究对教学分数不同意义的顺序进行了思考，并给出了“分出来”“除出来”“比出来”这样的顺序（朱国荣，2020），为小学阶段分数的教学提供了很好的参考，但没有明确指出分数的度量意义对于认识分数的重要价值。事实上，分数的度量意义是真正认识到分数可以“数出来”的基础，也能真正为理解分数，特别是假分数也是数提供很好的基础。

教师在第一学段教学完“分数的初步认识”以后，该如何在第二学段帮助学生更好地理解分数的不同意义？基于学习路径分析，我们可以对“分数的意义”这一单元的教学进行整体的思考和把握。

（一）明确素养导向的学习目标

1. 明晰核心素养内涵，确定核心目标

表 1-12　“分数的意义”单元核心素养内涵及关联内容

数感	能够在真实情境中理解数的意义，能用数表示物体的个数或事物的顺序
学段目标	理解分数的意义，形成数感
内容要求	结合具体情境探索并理解分数的意义，感悟计数单位，进一步发展数感和符号意识
学业要求	能用直观的方式表示分数，能比较两个分数的大小，进一步发展数感和符号意识
教学提示	在初步认识分数的基础上，引导学生在具体情境中，理解分数的意义，感悟计数单位，进一步提升数感
学业质量	理解分数，形成数感

分析表 1-12 和“分数的意义”的单元内容可知，本单元的学习目标和要求主要为：（1）在经历分数的产生过程中理解分数的意义；（2）理解分数与除法的关系；（3）理解真分数、假分数和带分数的意义并能进行互化。其中核心目标就是在经历分数的产生过程中理解分数的意义，需要理解分数的比率意义、度量意义、商的意义。

2. 分析核心目标，提炼具体表现

分数的上述三种意义中，“比率”是指部分与整体的关系和部分与部分的关系；“度量”指的是可以将分数理解为分数单位的累加；“商”这个方面主要是指把分数视为除法之后运算的结果，它使学生对于分数的认识由“过程”凝聚为“对象”，即分数也是一个数，也可以和其他数一样进行运算（张丹，2010）。

分数的三种产生方式——分物、度量和计算，刚好对应分数的这三种意义。分物产生的分数，其实质是部分与整体的关系；度量产生的分数，即当用一个标准的量去度量另一个量，不能正好量尽时，就产生了新的度量单位（分数单位），并通过度量次数的累加产生分数；在整数除法中，两个数相除，有时不能得到整数商，为了保证除法运算通行无阻，需要对数系进行扩充，这样分数便应运而生。除法运算为分数概念的数学化铺平了道路，体现了分数的本质（吴正宪 等，2014）。对于分数商的意义，学生需要在分数与除法的关系中理解，明白除法计算产生的是分数商的意义。

这三种含义层层递进，从具体到抽象。部分与整体意义是学生的认知起点，是其他几种含义的基础，五年级教学要关注对整体量作为“1”的扩充；度量的角度可以帮助学生进一步理解分数意义，为后面认识假分数打下基础；商的意义是分数的本质，是最终要达成数概念构建的目标；部分与部分的关系可结合商的意义进行教学。

基于以上分析，学生对分数意义的理解，需要从产生分数的现实背景出发，以部分与整体意义为起点，再通过度量的角度进一步理解，最后从运算角度理解分数商的意义，让分数与整数、小数建立联系，最终实现对分数作为“数”的本质的理解。

因此，理解分数的这三种意义是本单元的核心目标，而这三种意义的学习按照部分与整体意义、度量意义与商的意义这样的顺序展开，其具体内涵如表 1-13 所示。教师可以根据具体化后的表现性目标来设计和调控教学。

表 1-13 “分数的意义”单元核心素养导向下核心目标的表现性目标

核心素养内涵	核心目标	表现性目标
能够在真实情境中理解数的意义，能用数表示物体的个数或事物的顺序	部分与整体意义	经历等分面积、集合、数线等多种直观模型的分物过程，理解分出来的每份量是多少，在量与份之间建立联系，沟通“数量比”与“份数比”，理解部分与整体的关系
	度量意义	从度量的角度出发，经历分数单位的产生过程，建立分数单位概念；能用分数单位度量分数，理解分数为分数单位的累加；能在数轴上表示分数，理解假分数的意义，体会分数是一个数
	商的意义	在除法计算中，理解分数与除法的关系，知道除不尽时能用分数表示商；理解分数作为两个量的倍比关系与整数、小数的区别与联系；体会数系的扩展，理解分数作为“数”的本质

（二）确定学生起点

我们对五年级 37 名学生就分数意义的理解进行了前测，前测内容包括等分、部分与整体意义、度量意义、商的意义四块内容。前测中，我们根据目标设计评价任务、制定评分标准，并结合表现对学生理解水平进行统计分析。比如，“部分与整体意义”的理解水平层级可以分成以下不同水平：水平 0——不理解分数的部分与整体意义；水平 1——仅理解单位“1”的数量为 1 时的部分与整体意义；水平 2——理解单位“1”的数量是要分的份数的整倍数时的部分与整体意义；水平 3——理解单位“1”的各种情况，能用“数量比”来表示分数的部分与整体意义；水平 4——理解单位“1”的各种情况，能在“量”与“份”之间建立联系，用“份数比”来表示分数的部分与整体意义。通过测评与统计分析，我们可以确定学生的学习起点和理解难点（见表 1-14）。

表 1-14　学生学习“分数的意义”的起点和理解难点

目标	学习起点	理解难点
等分	会进行平均分，但对等分的理解是大小和形状都一样	面积模型分的是面积，与形状无关;集合模型分的是数量，与大小、形状无关
部分与整体意义	单位“1”的数量为一个物体	单位“1”的数量不是等分的份数的整倍数
度量意义	知道分数单位，可以用分数单位来度量真分数	度量的结果是一个假分数
商的意义	两个量的整倍数关系；部分与整体及部分与部分的关系	分数与除法的关系；用分数表示除法的商

（三）分析学习路径

基于分数的多种不同意义以及对学生学习起点和理解难点的分析，对于“分数的意义”的学习，我们可以确定学习路径，具体如图 1-1 所示。

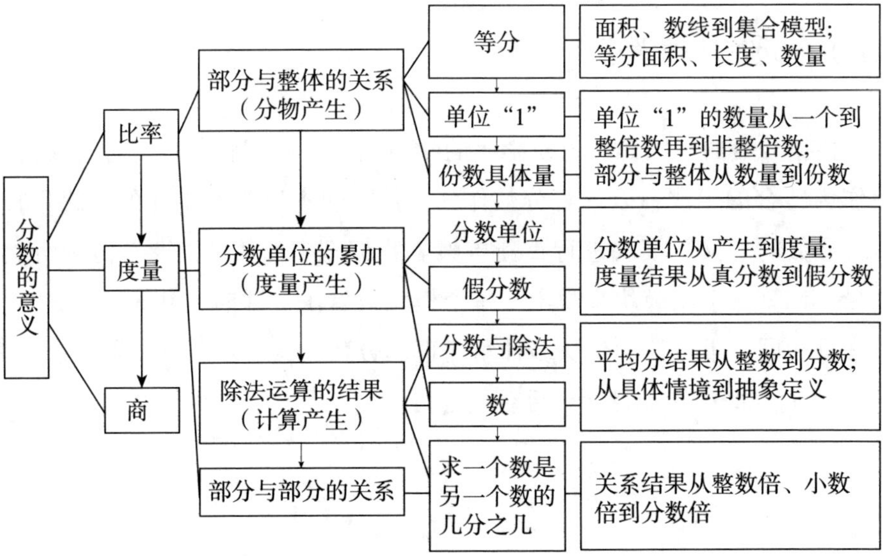

图 1-1　学生“分数的意义”的学习路径图

首先，认识部分与整体意义。从分物中产生分数，学生利用面积、数线、集合等不同模型理解等分。面积模型从等面积同形状拓展到等面积不同形状；数线模型等分长度，为后面在数轴中表示数做铺垫；集合模型关注等分的是数量，与大小形状无关。扩展集合模型，单位“1”的数量从一个到多个，从整倍数到非整倍数；学生对部分与整体的理解从“数量比”拓展到“份数比”。

其次，认识度量意义。从度量中产生分数单位，学生经历用分数单位度量的过程，度量结果从真分数发展到假分数。教师从实际度量到分数墙上的度量，再到数轴上数的度量，逐层抽象，帮助学生实现对分数作为“数”的本质的理解，接着让学生顺势学习假分数和带分数的意义及互化。

最后，理解商的意义。学生在已经认识了真分数和假分数的基础上，从平均分的除法情境入手，通过除法计算，将得到的商从整数扩展到分数，借助实物理解分数与除法的关系；再抽象定义，理解不能整除时，可以用分数表示商。然后，学生在求一个数是另一个数的几分之几中进一步巩固商的意义，把两个量的倍数关系从整数倍、小数倍扩展到分数倍，将分数与整数、小数从“倍比”角度再次建立联系。

（四）单元整体教学思考

根据分数的不同意义以及学生的学习路径，我们将分数三种意义的产生作为整合的主线，以理解分数作为“数”的本质为本单元的最终目标，对“分数的意义”模块进行重新构架。我们把“分数的意义”分成分物、度量、计算三个小模块来教学，每个模块设置 1~2 课时，共 5 课时，与教材安排相同。重点让学生从多种角度理解分数，进一步建立分数概念。表 1-15 为每课时的活动目标与活动要点。

表 1-15 “分数的意义”优化后的单元整体安排、目标及要点

模块	课时名称	任务目标	任务要点
分物	分出来的是什么数?	1. 通过对各种模型进行等分，知道分数的产生，清楚分的是什么； 2. 知道分出来的每份量是多少，能把量与份建立联系，理解分数的部分与整体意义； 3. 通过对比不同模型表示同一分数和同一模型表示不同分数，概括分数意义	理解平均分后每份是多少
度量	分数单位是怎么来的?	1. 在度量中，经历分数单位的产生过程，理解分数单位的意义； 2. 结合分数墙认识分数单位，理解分数是分数单位的累加，丰富对分数意义的认识； 3. 体会分数也起源于数，能在数轴上表示分数	理解分数单位的意义
	假分数“假”在哪里?	1. 结合具体情境，经历假分数与带分数的产生过程，理解真分数、假分数、带分数的意义，并能根据意义进行互化； 2. 在数轴上了解真分数、假分数与 1 的关系，感受真分数、假分数的数域	理解假分数的意义
除法	分数与除法有什么关系?	1. 结合具体情境，通过观察比较，理解分数与除法的关系，知道分数既能表示运算过程也能表示结果； 2. 知道用除法解决平均分问题得不到整数结果时，可以用分数表示商，理解分数是一种新的数	理解分数与除法的关系，知道除不尽时可以用分数表示
	有分数倍吗?	1. 结合具体情境，理解求一个数是另一个数的几分之几和一个数是另一个数的几倍意义一样，可以用除法计算，会用分数表示比率关系； 2. 结合画图分析，体会表示两个量之间的关系用分数比用小数更直观	用除法计算两个量的关系

第二节　“数的运算”单元整体教学

运算教学是小学阶段数学教学最重要的内容之一。数的运算与数的认识具有一致性，都是基于计数单位个数的计算。具体到加减法运算，它们都是相同计数单位的个数相加减。例如整数加法 20+10，表示 2 个“十”+1 个“十”=（2+1）个“十”=3 个“十”=30。小数加减法、同分母加减法与之同理；而在异分母分数加减法中，先通分再计算的目的就是要先将各个数转化至具有相同的分数单位，再将相同单位的数量相加减。

乘除法运算也可以理解成先明确计数单位，再确定单位的个数。例如 30×20，只要算 3×2=6，再在末尾添两个 0 即可。其道理除了可用积的变化规律来解释外，还可以用这样的方式：30×20=（3×10）×（2×10）=（3×2）×（10×10）=600，10×10 产生了新单位 100，3×2 得到的 6 是新单位的数量。小数乘法也同理，如 0.3×0.2=（3×2）×（0.1×0.1），同样是要先处理新单位 0.1×0.1=0.01，再计算 3×2=6，有 6 个 0.01，结果就是 0.06。为了促进学生这样的理解，教师在教学中需要先以数位的意义与相邻数位的关系帮助学生理解如何通过计算产生新的单位（见图 1-2）。

	整数部分						小数点	小数部分			
数位	……	万位	千位	百位	十位	个位	·	十分位	百分位	千分位	……
计数单位	……	万	千	百	十	一（个）	·	十分之一（0.1）	百分之一（0.01）	千分之一（0.001）	……

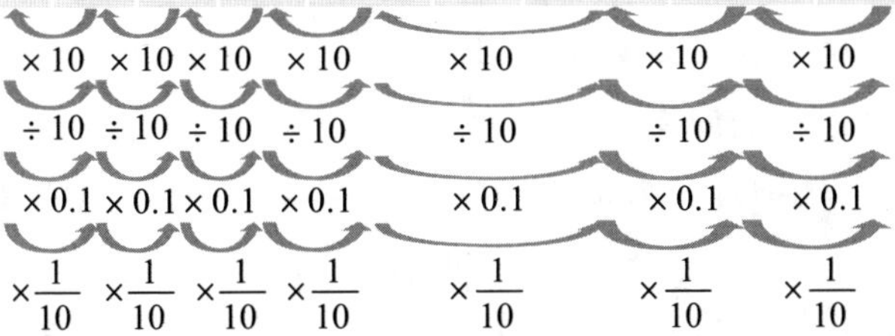

图 1–2　基于小数数位顺序表的计数单位转化关系

在分数乘法的教学中，教师一般通过对单位“1”进行两个维度的分割来说明算理（见图 1–3），在此基础上得到“分数相乘，用分子相乘的积作为分子，用分母相乘的积作为分母”的计算方法。然而，这样的理解方式无法由之前整数与小数的乘法迁移而来，而且当计算假分数相乘的时候，无法支撑算理理解。

$\frac{1}{2}$公顷的$\frac{3}{5}$是多少公顷？

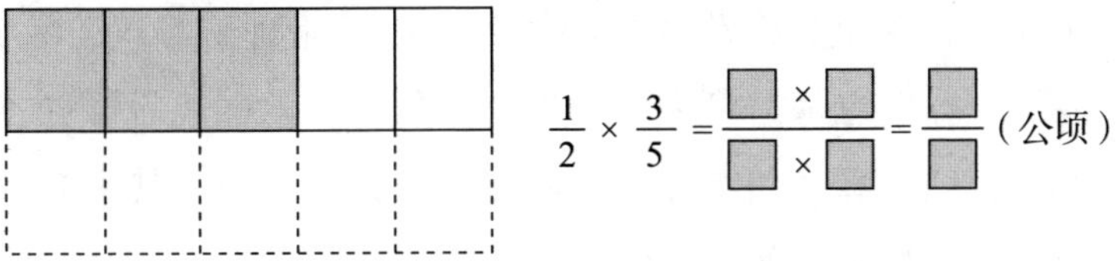

图 1–3　一般教学中分数乘法的表征

事实上，分数乘法也可以采用确定计数单位以及单位数量的方式。例如在计算 $\frac{3}{2}\times\frac{7}{5}$ 的时候，要先由 $\frac{1}{2}\times\frac{1}{5}$ 确定新的计数单位，教师可以采用图 1-3 的方式，让学生理解两个分数单位相乘会得到新的分数单位，计算方法是将分母相乘的结果作为分母，再确定分数单位的个数，即 $\frac{3}{2}\times\frac{7}{5}=(3\times7)\times\left(\frac{1}{2}\times\frac{1}{5}\right)=21\times\frac{1}{10}=\frac{21}{10}$。这样的方式保证了两个方面的一致性：一是数的运算是基于数的意义理解；二是所有计算都需先明确新的计数单位，再确定单位的数量。类似的，对除法的理解，同样可以采取这样的方式。

从另一个层面讲，运算能力主要涉及三个问题：一是“如何算”，即对算法与运算程序的应用，表现为运算的熟练性；二是“为什么可以这样算”，即对算理的理解，表现为运算的合理性；三是“怎样算得更好”，即对算法的优化，表现为运算的灵活性（史宁中 等，2022）[57]。事实上，“如何算”与“为什么可以这样算”是一体的，掌握算法和理解算理是运算教学的两个关键要素。要真正做到“法理兼顾”，发展学生的运算能力，教师在运算教学中需要做到以下三点：第一，体现算理理解的层次性，要真正弄清楚“理解算理”这一目标的教学内涵和不同水平；第二，重视竖式记录的关联性，即竖式记录应当对应整个算理理解和思考的过程，要做好情境意义、计算过程与竖式记录的关联；第三，关注运算教学的整体性，既要关注运算教学的共性，即都需要在理解算理的基础上进行竖式记录（分数运算除外），还要关注理解算理和掌握算法的具体内涵和不同侧重点（章勤琼 等，2022b）。

以乘法为例，多位数乘法的核心学习目标都是理解算理、掌握算法，发展运算能力；算理也都是将乘数分拆，转化为表内乘法后再将各部分积加起来。但是，理解算理和掌握算法的侧重点是不同的。其中，对两位数乘两位数的教学需要强调的是探索不同拆法并形成通法，而对三位数乘两位数的教学则需要注重算理与算法的迁移。因此，在教学中教师需要处理好像这样的相似内容的不同侧重点。

一、“两位数乘两位数”单元：如何促进“法理融合”进行笔算教学

运算教学是小学数学教学中的主要内容，它贯穿小学数学学习的每一个阶段。运算能力是学生最重要的核心素养主要表现之一。《课标2022年版》指出，“运算能力主要是指根据法则和运算律进行正确运算的能力”。因此，教师在“数的运算”教学中，不仅要关注学生运算技能的掌握，更要注重学生对算理的理解，从而发展学生的运算能力。而且，与之前的课标相比，《课标 2022 年版》增加了“能够明晰运算的对象和意义，理解算法与算理之间的关系”。因此，促进算理与算法融合，需要教师在运算教学中给予更多的重视。

“两位数乘两位数”单元是整数乘法主题序列学习的重要组成部分，也是学生真正开始学习多位数乘法的核心内容。以人教版教材为例，学生已经学习过“表内乘法”和“多位数乘一位数乘法”，具备了较好的乘法学习基础。进入“两位数乘两位数”单元，学生要继续学习相关的口算乘法、两位数乘两位数笔算乘法，运用两步计算解决问题。其中两位数乘两位数笔算是运算教学的重点和难点。因此，本单元的教学要侧重于算理、算法的探索并促进算理、算法的融通，使学生在明理中掌握计算方法。基于学习路径分析的研究框架（章勤琼 等，2021a），教师可以对“两位数乘两位数”单元进行整体教学的思考。

（一）明确素养导向的学习目标

1. 明晰核心素养内涵，确定核心目标

表 1–16　“两位数乘两位数”单元核心素养内涵及关联内容

运算能力	能够明晰运算的对象和意义，理解算法与算理之间的关系
学段目标	能进行较复杂的整数四则运算，形成运算能力和初步的推理意识

续表

内容要求	在具体情境中，探索并掌握多位数的乘除法，感悟从未知到已知的转化；在解决简单实际问题的过程中，理解四则运算的意义，能进行整数的四则混合运算
学业要求	能计算两位数乘除三位数；能进行整数四则混合运算，正确运用小括号和中括号
教学提示	应利用整数的乘法运算，促进学生理解算理与算法之间的关系；在这样的过程中，让学生感悟如何将未知转为已知，形成初步的推理意识
学业质量	能进行整数四则运算

分析表 1–16 和“两位数乘两位数”的单元内容，我们可以确定本单元的学习目标主要包括以下三点：（1）掌握两位数、几百几十数乘一位数（进位），两位数乘整十数、整百数（不进位），整十数乘几百几十数（不进位）的口算方法，体会算法的多样化；（2）理解并掌握两位数乘两位数的计算方法；（3）学会运用连乘、连除两步计算解决问题。这里，我们以第二点为例，分析如何提炼核心目标的具体表现。

2. 分析核心目标，提炼具体表现

在制订具体表现目标时，根据算理理解的水平层次以及竖式记录的过程，我们可以对上述核心目标进一步做如下的具体化分析，见表 1–17。

由此，核心素养导向下核心目标的表现性目标形成，教师可以根据表现性目标来设计和实施教学。

表 1–17 “两位数乘两位数”单元核心素养导向下核心目标的表现性目标

核心素养内涵	核心目标	表现性目标
能够明晰运算的对象和意义，理解算法与算理之间的关系	理解两位数乘两位数的算理	1. 能理解两位数的结构以及乘法算式的意义
		2. 能形成自己的计算方法并说明理由
		3. 能理解不同的方法，并且能够比较不同的方法
		4. 能在表征、比较的基础上提炼通法
	掌握两位数乘两位数的竖式记录方法	1. 能结合情境意义和计算过程，用自己的竖式进行记录
		2. 能结合情境意义、横式，对写出的竖式进行解释
		3. 能理解竖式的合理性，理解竖式各部分的含义

（二）确定学习起点

为了解学生对核心目标的理解水平，我们从两位数乘两位数的算理理解和竖式记录两个方面对一个日常教学班开展了学情调查。

1. 学生的算理理解水平分析

为真实了解学生算理理解水平，我们以算理理解的五个水平层次（见表 1–18）为基础（章勤琼 等，2021b），建构两位数乘两位数笔算算理理解表现性评价框架，开展了前测。前测题如图 1–4 所示，前测结果如表 1–18 所示。

测试题：想一想，“13 × 12”的意义是什么？怎么计算？请你用横式写一写你的计算方法，并试着用点子图把你的方法表示出来。

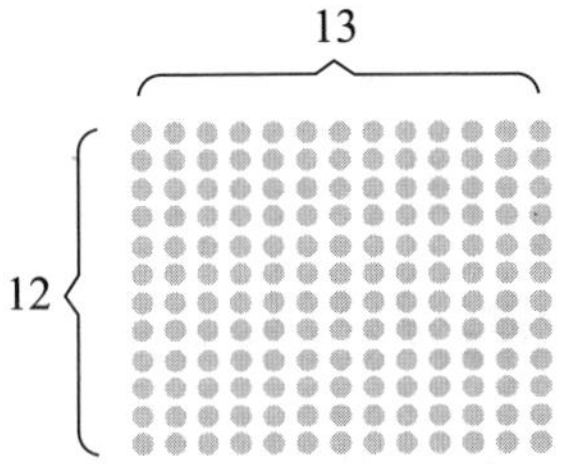

计算方法：

图 1–4　算理理解前测题

表 1–18　两位数乘两位数笔算算理理解前测结果

水平层次	包含的内容要素	具体描述	前测数据
水平 0	无	无法对前测问题做出相关的回应	2 人（4.9%）
水平 1	认识数的结构	算理理解的初级水平：能够理解两位数乘两位数算式的意义，并能根据运算的需要，对数进行重组	14 人（34.1%）
水平 2	表征计算过程	在理解数的结构及算式意义的基础上，能运用点子图把计算过程表示出来，并探究出计算的结果	15 人（36.6%）

续表

水平层次	包含的内容要素	具体描述	前测数据
水平 3	概括计算过程	能理解数的结构及算式意义，能借助点子图表征计算过程和探究出计算结果，还能用数学语言说清楚先算什么，再算什么	10 人（24.4%）
水平 4	提炼基本算法	算理理解的最高水平：能理解数的结构及算式意义，能形成自己的计算方法，并能通过直观模型和数学语言进行表征，还能通过“变式”的方法提炼出“基本算法”	0 人（0.0%）

前测结果显示，大部分的学生能够理解乘法算式的意义，并能对两位数进行拆分，用不同的方式表征运算；超过一半的学生能够划分点子图和用自己的方法找到 13 × 12 的计算结果；但很大部分学生无法准确地用数学语言表达操作过程，无法说清楚“先算什么，再算什么”；没有学生能对多样化算法自发地进行优化，提炼出“基本算法”。

2. 学生的竖式记录情况分析

为真实了解学生的竖式记录情况，我们同样开展了前测。前测题如图 1-5 所示。

竖式计算

$$\begin{array}{r} 13 \\ \times 12 \\ \hline \end{array}$$

横式计算

13 × 2=26

13 × 10=130

26+130=156

点子图

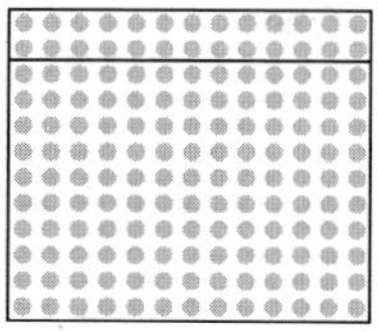

图 1-5　竖式记录前测题

学生的解答方法与竖式记录情况统计如表 1-19 所示。

表 1-19　两位数乘两位数笔算竖式记录前测结果

学生作答	13 ×12 156	13 ×12 26 13 39	13 ×10 130　　13 ×　2 26　　130 ×　26 156	13 ×12 26 130 156	13 ×12 26 13 156	无法进行竖式记录或其他记录
人数	5人（12.2%）	3人（7.3%）	4人（9.8%）	14人（34.1%）	8人（19.5%）	7人（17.1%）

根据前测数据我们可以发现，有19（5+3+4+7）名学生无法写出正确的乘法竖式，且竖式记录存在困难。此外，我们对写出正确竖式的22（14+8）名学生进行了进一步的访谈，了解他们能否将竖式、横式、点子图进行关联，理解乘法竖式每一步的意思。访谈结果显示，22名学生中有6人无法将竖式、横式、点子图进行一一对应，他们只是通过识记、模仿的方式进行竖式记录。因此，教师有必要让学生经历从横式到竖式的形成过程，沟通横式、竖式和图式之间的联系，做到算理、算法融通，帮助学生建构算法模型。

（三）单元整体教学思考

按照人教版教材的编排，“两位数乘两位数”单元的学习分为三个阶段：第一阶段是学习相关的口算乘法内容；第二阶段是学习两位数乘两位数的笔算，先学习不进位的笔算，再学习进位的笔算；第三阶段是学习运用连乘、连除两步计算解决问题。

根据学情分析，学生对两位数乘两位数笔算的算理理解、竖式记录存在不同程度的困难。因此，在笔算教学中，教师应该依据算理理解的水平层次促进学生对算理进行深度理解，同时做好情境意义、计算过程和竖式记录的关联，实现算法模型的意义建构。

综上分析，我们对“两位数乘两位数”的单元教学内容做以下调整：

第一，删除口算乘法中把“6×10”作为新知的教学。学生已经完全掌握了“6个十就是60”的口算方法，而教材向学生介绍6×9再添加一个6这样的算法，虽然有情境的支撑，但并不符合学生的认知结构。教师可以将“6 × 10”放在复习引入环节，让学生在口算练习中复习算法，体会口算一位数乘 10 方法的简便性，改用“12 × 10”作为探索两位数乘整十数的例题进行教学。

第二，将“两位数乘两位数笔算”作为探索多位数乘法算理和算法的关键课。算理的理解直接关系到算法的掌握，所以教师要强化算理理解的教学。教师可以将“两位数乘两位数笔算”设计成笔算连续课，用连续的 2 个课时进行教学，其中课时 1 指向算理的理解，课时 2 指向竖式的学习。笔算连续课的设计改变了人教版教材按照“不进位”“进位”内容来编排的方式，突出从理解算理、做好竖式记录的角度进行的教学。这能够有效促进学生的算理理解和算法建构，在算理、算法的融通上给予学生更多的时间和空间，同时连续课的形式能保证学生思维的连贯性与整体性。

基于以上的整体思考，教师可对“两位数乘两位数”单元教学的“序”做如下调整（见表 1–20），构建更符合学生认知规律的学习路径。

表 1–20　“两位数乘两位数”单元教材安排和优化后教学内容对比

教材安排			优化后教学内容		
例题	教学内容	主题	课时	教学内容	主题
1	两位数乘一位数（进位）	口算乘法	1	两位数乘一位数（进位）	口算乘法
2	两位数乘整十数、整百数		2	两位数乘整十数、整百数	
3	两位数乘两位数（不进位）	笔算乘法	3、4	两位数乘两位数笔算连续课	笔算乘法
4	两位数乘两位数（进位）				
5	连乘解决问题	解决问题	5	连乘解决问题	解决问题
6	连除解决问题		6	连除解决问题	

通过表 1–20 我们可以发现，调整后的单元教学内容仍然分为口算乘法、笔算乘法、解决问题三个阶段，其中笔算乘法作为本单元的核心内容，

进行了较大的教学调整：将原来教材安排的不进位与进位的两位数乘两位数笔算乘法设计成笔算连续课，用连续的两个课时进行教学，第一课时依据算理理解水平层次做好算理理解教学，不进入竖式教学；第二课时让学生经历竖式的形成过程，做好竖式、横式与情境的关联，帮助学生理解两层竖式的合理性，建构算法模型。本单元具体教学内容的安排如表 1-21 所示。

表 1-21 “两位数乘两位数”优化后的单元整体安排、核心目标和核心任务

课时	内容	核心目标	核心任务
1	两位数乘一位数（进位）	理解两位数乘一位数（进位）、几百几十乘一位数的口算算理，掌握口算方法	任务一：口算 15×3，并解释自己的口算方法 任务二：这些口算方法各自有什么特点？说一说你喜欢哪种口算方法，或者不选择其他方法的原因
2	两位数乘整十数、整百数	探索并掌握两位数乘整十数、整百数的口算方法	任务一：结合情境，思考并交流 12×10 的口算方法，并说明理由 任务二：对比分析这些口算方法有什么共同的地方
3	两位数乘两位数笔算连续课	探索两位数乘两位数的计算方法，理解算理	任务一：独立思考 14×12 怎么计算，用横式写一写你的计算方法，并试着用点子图把你的方法表示出来 任务二：这些计算方法有什么共同点？用你喜欢的方法计算 23×13，并说说有什么发现
4		掌握两位数乘两位数的竖式计算方法，并能正确地进行计算	任务一：“创造”竖式，辨析 14×12 乘法竖式的合理性 任务二：关联竖式、横式和图式，建构算法模型
5	连乘解决问题	经历问题解决的过程，学会用连乘的方法解决相关生活问题	任务一：通过独立思考、讨论交流，探究解决问题的方案，并说明制订方案的思考过程。 任务二：执行解决问题的方案，列式解决问题，并说明解决方案的依据
6	连除解决问题	经历问题解决的过程，学会用连除的方法解决相关生活问题	任务一：基于找出的关键信息，对关键信息进行组合，生成解决问题的方案 任务二：列式解答，集体交流解决方法（先分步计算，再列综合算式）

二、“三位数乘两位数”单元：如何做好算理算法的迁移

运算能力并不仅仅体现在计算准确度和速度上，更是通过在方法合理的基础上理解算理并求出正确答案来体现的（章勤琼 等，2020）。运算能力还有更丰富的内涵，如基本口算、算理理解、算法掌握、运算策略等（章勤琼 等，2013a）。

“三位数乘两位数”单元是小学阶段整数乘法计算的最后一个知识模块。以人教版教材为例，教材在三年级上册中编排了“两位数乘一位数”的内容，这是学生学习“笔算乘法”的起始课，旨在帮助学生形成规范的笔算格式；三年级下册编排了“两位数乘两位数”的内容，引导学生通过点子图理解算理，掌握另一个因数十位上的数乘第一个因数的积的末尾如何对齐的计算方法。教材在编写这两部分计算内容时都及时融入了口算与估算的教学，试图通过口算与估算促使学生达成对算理的深入理解，帮助学生熟练算法。而在四年级上册“三位数乘两位数”单元中，教材编排的第一课时就是笔算，没有口算，竖式计算过程也没有体现对算理的理解。事实上，作为整数乘法的最后一块学习内容，本单元的学习不仅需要对两位数乘两位数的算理进行迁移，还需要为后续更多位数的乘法的算理做好铺垫。作为教师，我们应如何处理好本单元的算理教学？如何提升学生的计算技能与策略？下面我们基于学习路径分析（章勤琼 等，2021a），对“三位数乘两位数”单元进行整体教学的思考。

（一）明确素养导向的学习目标

1. 明晰核心素养内涵，确定核心目标

表 1–22　“三位数乘两位数”单元核心素养内涵及关联内容

运算能力	能够理解算理与算法的联系；能够理解运算的问题，选择合理简洁的运算策略解决问题
学段目标	能进行较复杂的整数四则运算，形成数感、运算能力和初步的推理意识

续表

内容要求	探索并掌握多位数的乘除法，感悟从未知到已知的转化
学业要求	能计算两位数乘三位数
教学提示	感悟如何将未知转为已知，形成初步的推理意识
学业质量	能进行整数四则运算，形成数感、运算能力和初步的推理意识

分析表 1-22 和“三位数乘两位数”的单元内容可知，本单元的学习目标基本为以下三个：（1）理解三位数乘两位数的算理，掌握计算方法；（2）发现、理解并运用积的变化规律，进一步培养运算能力；（3）认识两种常见数量关系：总价 = 单价 × 数量、路程 = 速度 × 时间，并运用不同的运算策略解决一些实际问题。因此，本单元的核心目标是“理解三位数乘两位数的算理，进一步培养运算能力”，这也是后面学习其他乘法内容的基础。

2. 分析核心目标，提炼具体表现

确定核心目标后，我们需要将核心目标具体化，提炼具体表现，并形成水平层次，这样才能真正在每一节课中指导教学行为。在制订具体表现目标时，根据对算理理解的不同层次以及不同计算方法的探究，我们进一步对以上核心目标做如表 1-23 所示的具体化分析。教师可以根据具体化后的表现性目标来设计和调控教学。

表 1-23　“三位数乘两位数”单元核心素养导向下核心目标的表现性目标

核心素养内涵	核心目标	表现性目标
1. 能够理解算理与算法之间的关系 2. 能够理解运算的问题，选择合理简洁的运算策略解决问题	理解三位数乘两位数的算理，掌握算法	1. 能将两位数乘两位数的算理与算法迁移运用于三位数乘两位数
		2. 能迁移概括多位数乘多位数的一般方法
	进一步培养运算能力，形成运算策略	1. 掌握乘法的运算性质，理解积的变化规律，并能对其进行灵活运用，使一些计算变得简便
		2. 梳理基于乘法运算的数量关系，发展多元的运算策略

（二）确定学习起点

为了更好地了解学生的学习起点，我们从三位数乘两位数的算理、算法理解和运算策略使用两个方面对四年级学生进行了学情调查。

1. 学生对算理、算法的理解情况分析

前测题与前测结果具体如表 1-24 所示。

表 1-24　三位数乘两位数算理理解前测题与前测结果

前测题	正确理解情况	部分理解情况	结果错误情况	
按要求计算下面这道题，并写出每一步代表的含义。 　　1 3 4 × 　1 2 ______ …□×□的积 ______ …□×□的积	能根据两位数乘两位数的方法进行笔算，认为第一步是“134×2的积”，写成“268”；第二步是“134×10”的积，写成“134”（或“1340”），其中的“4”与第一部分积中的十位对齐	能迁移两位数乘两位数的笔算方法，第一步算“134×2”，知道其代表的含义是“134×2的积”，并正确书写；第二步出现问题，认为这步算的“134×1”代表“134×1的积”，写成“134”，积的末尾与第一部分积中的个位对齐	能用两位数乘两位数的方法进行笔算，但在求和时出现计算错误	不能和两位数乘两位数的笔算方法进行关联，不会解题

根据表中前测结果我们不难发现，由于三位数乘两位数的内容是在两位数乘两位数的基础上学习的，相当多的学生能将两者的计算方法进行关联，利用以往的学习经验，采用迁移算法的方式进行计算；但在对算理的理解上会显得困难一些。

2. 学生对运算策略的使用情况分析

（1）因数中间和末尾有 0 时运算策略的使用情况

前测题与前测结果具体如表 1-25 所示：

表 1-25　三位数乘两位数运算策略前测题与前测结果

前测题	一般方法	简便方法	口算	其他情况
笔算并说明思路：220×40	220 × 40 000 880 8800	220 × 40 8800	220 × 40 8800	220 × 40 880
笔算并说明思路：108×40	108 × 40 000 432 4320	108 × 40 4320	108 × 40 4320	不会计算或出现计算错误
学生情况分析	这部分学生认为此方法正确，但觉得第一步都是0有点怪，又不知该如何改动；课后作业中，有部分学生依然喜欢用此方法	这部分学生曾自学过简便书写方式，能正确书写并掌握方法	这部分学生在书上看到过两个0在竖线的后面的情况，但仍认为要数位对齐	这部分学生有些认为220×40和22×4很相像，只要按照两位数乘两位数的竖式计算就可以，但不知道对0该如何处理；还有些出现其他错误或完全不会计算

（2）解决问题中运算策略的使用情况

数学练习册中有这样一道题："王大伯的茄子地，面积是225平方米，长是45米，现在要将宽扩大2倍，则王大伯的茄子地现在是多少平方米？"有80%的学生采用常规方法计算：225 ÷ 45 = 5（米），5 × 2 × 45 = 450（平方米）。很少有学生想到用积的变化规律解决，说明学生受以往学习经验的影响较大，运用不同策略解决问题的意识相对淡薄。

基于对学生算理、算法理解情况和运算策略使用情况的分析，我们得出启示：教师要借助有效的情境，帮助学生理解乘数是两位数时用"十位上的数"与"个位上的数"分别乘另一个因数的相应算理，建构起乘数是两位数的乘法运算法则；并引导学生在准确计算的基础上，运用一定的计算策略灵活解题。

（三）单元整体教学思考

按照人教版教材的编排，“三位数乘两位数”单元的学习分为三个阶段：第一阶段教学三位数乘两位数笔算，先教学一般笔算方法，再教学因数中间、末尾有 0 的乘法；第二阶段教学积的变化规律；第三阶段教学常见的数量关系：总价 = 单价 × 数量、路程 = 速度 × 时间。

根据学情分析，我们考虑对因数中间、末尾有 0 的乘法的学习进行调整，将此内容分为两部分：第一部分主要是算理和算法的学习，用三位数乘两位数的一般方法进行计算；第二部分是运算策略的学习，比如可以利用积的变化规律帮助学生理解因数末尾有 0 的情况，也就是说，如笔算 220 × 40 时，先算 22 × 4，再利用积的变化规律——因为两个因数各扩大 10 倍，所以积会扩大 100 倍，在 22 × 4 竖式的结果上直接添加两个 0。

综上所述，基于学生学情，我们将本单元知识教学的“序”做出如表 1-26 所示的调整，使之形成更符合学生需要的学习路径。

表 1-26　“三位数乘两位数”单元教材安排和优化后教学内容对比

<table>
<tr><th colspan="2">教材安排</th><th colspan="2">优化后教学内容</th></tr>
<tr><th>例题</th><th>教学内容</th><th>课时</th><th>教学内容</th></tr>
<tr><td>1</td><td>三位数乘两位数笔算</td><td>1</td><td>三位数乘两位数笔算</td></tr>
<tr><td>2</td><td>因数中间、末尾有 0 的乘法</td><td>2、3</td><td>用积的变化规律灵活计算</td></tr>
<tr><td>3</td><td>积的变化规律</td><td>4</td><td>数量关系式</td></tr>
<tr><td rowspan="2">4、5</td><td rowspan="2">解决问题</td><td>5</td><td>有趣的算式</td></tr>
<tr><td>6</td><td>单元整理与复习</td></tr>
</table>

经调整后，虽然本单元的教学内容仍旧分为三个阶段，但每一阶段的具体学习内容有所调整：第一阶段主要是对算理、算法的迁移，因而对原教材中“已知速度、时间，求路程”的情境进行调整，改为“单价 × 数量 = 总价”的模型，运用乘法的意义更好地巩固算理的表达；第二阶段是运用积的变化规律灵活计算，需要 2 个课时进行学习，将“有 0 的情况的简便

书写”融合进来，注重不同运算策略的运用；第三阶段主要学习常见的数量关系。同时，在总课时不变的情况下教师可以做适度拓展。本单元具体教学内容的安排如表 1-27 所示。

表 1-27 “三位数乘两位数”优化后的单元整体安排及目标

内容	核心任务	任务材料	任务目标
三位数乘两位数笔算	任务一：观察购书发票，提炼信息，引出问题	一张购书发票，发票上标注“一本书的价格为 398 元，购买了 42 本”，请学生估计，总价可能是 16716 元、26716 元、11836 元中的哪一个	通过看图搜索信息，提升观察能力和提取信息的能力
	任务二：解决问题，尝试计算，习得算法		通过计算 42 本书的总价，学习三位数乘两位数的估算与计算；运用乘法的意义更好地巩固算理的表达
	任务三：巩固算法，发现积的位数秘密；独立判断积是否正确	124×74=1364？ 25×112=280？ 623×34=205122？ 48×217=10416？	通过用不同的方法解决问题，形成使用运算策略的意识
	任务四：拓展提升，构建笔算模型；根据计算流程，猜一猜另一个因数是几位数	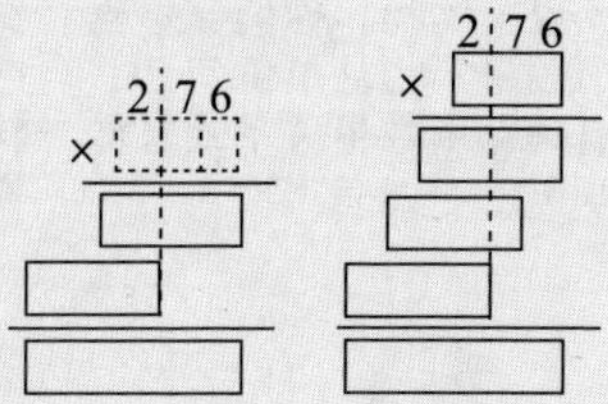	打破思维定式，由常态的数字谜走向抽象的乘法笔算模型，拉长学生的思维逻辑链
用积的变化规律灵活计算	任务一：猜想积的变化规律并验证	因数 × 因数 = 积 ×2 不变 ×2 ×□ ÷□ ？ ×□ ×□ ？ ……	通过验证，经历探究学习全过程，发展研究性学习思维
	任务二：应用积的变化规律	材料 1： 20×4=80 8×24=192 10×4= 80×24= 5×4= 8×240= 材料 2： 一个长方形花坛的面积是 560 平方米，宽是 8 米，现在扩建，要将宽增加到 24 米，现在花坛面积是多少平方米？	在运用积的变化规律的同时，感受不同的运算策略

续表

内容	核心任务	任务材料	任务目标
	任务三：学习因数末尾均有0的乘法的简便竖式计算	170×320	通过运用积的变化规律，掌握两个因数末尾均有0的乘法的简便竖式计算方法
数量关系	任务一：理解速度与单价的概念，学习速度与单价复合单位的书写	美国短跑名将鲍威尔跑100米只需要10秒，蜗牛爬30米需要3小时，用什么方法可以比较短跑名将鲍威尔和蜗牛的速度？	通过比较，充分体会正确书写单位的重要性；将速度复合单位的学习迁移到单价复合单位的学习中
	任务二：学习数量关系式，并运用数量关系解决问题	一段路的限速是60千米/时，按照最高限速，解答下面题目：（1）3小时可以行驶多少千米？（2）行驶300千米要多少小时？（3）张叔叔在这段路上用2小时的时间行驶140千米，你对他有什么建议？	从不同的思考角度，直接提炼速度、时间、路程三者间的等量关系
	任务三：由行程问题迁移到单价、数量与总价问题	讨论：说起购物，你们会想到哪几个数量？物品单价怎么书写最清楚？用数量关系式怎样表达？	结合讨论材料，将行程问题数量关系的学习直接迁移到价格问题数量关系的学习中，构建新知

三、“混合运算”单元：如何明确情境意义理解运算顺序

混合运算是小学阶段“数与代数”的重要内容，其本质是在面对由两个或两个以上的故事组成的问题时，用带小括号的混合算式解决问题（史宁中，2013）。在实际教学时，有些教师比较注重混合运算顺序的教学，强化训练学生灵活运用小括号的能力，但对于小括号的含义，即先发生的运算就要加上小括号这件事情含糊其辞。在对混合运算的教学中我们应该如何更好地关注混合运算的内涵？设计怎样的学习任务才能帮助学生更好地理解混合运算的本质？从基于学习路径分析的单元整体教学的思考框架出发，我们对“混合运算”这一单元进行整体教学的思考。

（一）明确素养导向的学习目标

1. 明晰核心素养内涵，确定核心目标

表 1-28 “混合运算”单元核心素养内涵及关联内容

模型意识	对数学模型普适性的初步感悟
学段目标	在解决问题的过程中，感悟分析问题和解决问题的基本方法
内容要求	在简单的生活情境中，运用数和数的运算解决问题，能解释结果的实际意义，形成初步的应用意识
学业要求	能在熟悉的生活情境中合理表达简单的数量关系，解决简单的问题；能在解决问题的过程中，体会解决问题的道理，解释计算结果的实际意义，形成初步的模型意识、几何直观和应用意识
教学提示	通过创设简单的情境，提出合适的问题，引导学生发现数量关系；利用画图、实物操作等方法，引导学生用学过的知识表达情境中的数量关系，体会几何直观，形成初步的应用意识
学业质量	结合现实生活情境，尝试用数学语言描述生活中的实际问题，形成初步的数感、量感和应用意识

分析表 1-28 和“混合运算”的单元内容可知，本单元的学习目标基本为以下三个：（1）经历解决两步运算应用问题的过程，形成模型意识；（2）理解混合运算的意义；（3）掌握混合运算的运算顺序。这三个目标也是本单元的核心目标。

2. 分析核心目标，提炼具体表现

确定核心目标后，我们需要将核心目标具体化，提炼具体表现，并形成水平层次，才能真正在每一节课中指导教学行为。在制订具体表现目标时，我们根据对运算意义理解的不同层次，进一步对以上三个核心目标做如表 1-29 所示的具体化分析。教师可以根据具体化后的表现性目标来设计和调控教学。

表 1-29 “混合运算”单元核心素养导向下核心目标的表现性目标

核心素养内涵	核心目标	表现性目标
1. 知道数学模型可以用来解决一类问题，是数学应用的基本途径 2. 能够认识到现实生活中大量的问题都与数学有关，有意识地用数学的概念与方法予以解释	经历解决两步运算应用问题的过程，形成模型意识	1. 能从现实情境中识别信息，提出问题
		2. 能对信息进行关联和分解，用操作、画图和语言描述等方式表征问题情境和信息
		3. 能关联运算意义，用算式进行表达，抽象出模型并进行解释
		4. 能对构建的模型进行表达、交流、验证和反思，并能运用到同类问题中
	理解混合运算的意义	1. 理解混合运算是包含两个及两个以上的故事
		2. 能将两步算式合并成混合算式
		3. 理解在混合运算中，先算的部分用小括号来表示
	掌握混合运算的运算顺序	1. 知道先乘除后加减的运算法则
		2. 理解运算法则带来的简洁性
		3. 能根据运算法则灵活使用括号

（二）确定学习起点

为了解学生的学习起点，我们对某校三年级六个班 270 名学生的混合运算掌握水平进行了前测，基于对核心目标的具体化分析设计了相应的评价任务，并结合学生的答题情况对其掌握水平进行了统计、分析、层次划分。

1. 问题解决理解水平分析

我们设计了两道前测题：第一题主要考查学生识别信息和问题的能力，以及表征相关信息和问题的能力，即了解水平 0 到水平 3 的同学有多少；第二题结合情境构建数学模型，再从模型具体化到情境，考查学生掌握基本模型的能力，即了解处于水平 4 的学生有多少（如图 1-6 所示）。具体学生水平见表 1–30。

1. 请根据题目要求，解决相关问题。

①还剩几个气球没打？

画一画：（信息和问题） 列式解决

②这列火车够小动物坐吗？

画一画：（信息和问题） 列式解决

③如果都坐小船，要几辆小船？

画一画：（信息和问题） 列式解决

2. 算式 48÷（8 – 2）还可以解决什么问题？请你写一写、画一画。

图 1–6 问题解决理解前测题

表 1–30 问题解决理解前测结果

水平划分	内容要素	具体描述	占比
水平 0	无	无法识别信息	2.2%
水平 1	识别	能从现实情境中识别信息和问题	51.1%
水平 2	表征	能对信息进行关联和分解，用操作、画图和语言描述等方式表征问题情境和信息	27.8%
水平 3	抽象	能关联运算意义，用算式进行表达，抽象出模型并进行解释	13.3%
水平 4	概括（一般化）	能对构建的模型进行表达、交流、验证和反思，并能运用到同类问题中	5.6%

97.8% 的学生能够完整识别现实对象的信息和问题，但仅有 46.7% 的学生能识别信息并用不同的方式进行表征。学生存在的主要问题是不能将信息进行关联和分解，易在表征时遗漏信息，导致不能正确分析数量关系，也就是分析问题的能力比较弱。5.6% 的学生能回归现实情景，运用数学模型解决其他同类问题。

2. 混合运算意义理解水平分析

我们设计了两道前测题：第一题是两步运算的口算，初步考查学生对运算顺序的理解；第二题是两道两步运算的解决问题，分别讲述的是乘法先发生的“减乘故事”和减法先发生的“减除故事”，要求学生列出分步算式和综合算式（如图 1-7 所示）。具体学生水平见表 1-31。

1. 口算

24−14+8=	9×7+2=	15+3×5=	19−（13+1）=
7×（2+5）=	9−4×2=	3+9÷3=	16−6÷2=

2. 解决问题

20 元 / 个

8 元 / 个

5 元 / 本

①小明带了 50 元，买了 3 个订书机后，还剩多少元?

分步列式：　　　混合算式：

②小明带了 50 元，买了 1 个书包后，剩下的钱还可以买几本笔记本?

分步列式：　　　混合算式：

图 1-7　混合运算意义理解前测题

表 1-31　混合运算意义理解前测结果

层次	内容要素	具体表现与描述	占比
水平 0	无法合并	无法将分步算式合并成综合算式	36%
水平 1	理解合并的方法	能列出综合算式，但不会用小括号保证先算，而是直接列出来，没有考虑运算顺序和事情发展顺序的一致性	32%
水平 2	理解小括号的意义	会用小括号列综合算式，但没有灵活运用小括号	10%
水平 3	能关注运算顺序与故事发展的一致性	会用小括号列综合算式，并且是根据从左往右算的顺序灵活运用小括号	7%
水平 4		会用小括号列综合算式，并且是根据先乘除后加减的顺序灵活运用小括号	15%

综上所述，学生分析问题的能力较弱，对列综合算式的方法掌握不佳。因此，在教学中教师要带领学生充分经历识别表征信息、理解数量关系的过程，在算式表达的时候要先列出分步算式，再引入用小括号表示先算部分的综合算式，最后教学运算法则下灵活使用小括号的综合算式。

（三）分析学习路径

基于以上分析，我们对本单元的学习路径做了相应的调整与优化。

首先，创设购物情境，引导学生初步学会借助直观图等方式分析、表示数量关系，列出分步算式，并基于基本模型解释每个算式的意义。

其次，让学生经历在实际情境中抽象出综合算式的过程，并运用小括号保证先算，让学生掌握两级混合运算脱式计算的方法，并在实际情境中将脱式计算的过程与分步运算的过程进行一一对应，感受解决问题策略的多样性，提升有条理地叙述自己思考过程的能力。

再次，明确“先乘除后加减”的规则，让学生经历在实际情境中进行两级混合运算去括号的过程，体会运算规定的合理性，使学生正确理解和掌握两级混合运算的运算顺序，从而培养学生在解决问题时灵活运用括号的能力。

最后，进行同级混合运算和两级混合运算顺序的对比辨析，使学生能真正灵活地运用括号列综合算式。

（四）单元整体教学思考

“混合运算”这一单元教学分为 4 课时。落实到课，教师以“画图”为辅助，从“数量关系”到“列综合算式”，培养学生的模型意识；以“检验”为手段，从“不一致”到“一致”，培养学生的反思意识；以“去括号”为契机，从“外化规定”到“内化规定”，让学生感受数学是讲道理的；以“说故事”为载体，从“式”到“故事”、从“图”到“故事”，培养学生的应用意识。

第一课时，在乘加、乘减的实际情境中，教师带领学生经历识别信息和表征信息的过程，通过列分步算式，初步感知综合算式，体会小括号的作用，培养模型意识。第二课时，在二级运算的实际情境中，学生能够以数量关系为依托，将分步算式合并成一个综合算式，明晰先乘除后加减的运算法则，初步运用法则列综合算式。第三课时，学生在同级和二级运算的实际情境中，完善四则运算法则，结合情境和规定去分析括号的去或留，灵活取舍，感受数学的简洁。第四课时，教师在烤面包的情境中，借助画图进一步提升学生分析问题和列综合算式的能力，从而提升学生的模型意识。

综上分析，“混合运算”课时安排（见表 1–32）和核心课时设计（见表 1–33）如下。

表 1–32 “混合运算”单元教材安排和优化后教学内容对比

教材安排			优化后教学内容		
主题	教学内容	课时	主题	教学内容	课时
同级运算的运算顺序	例 1	1	二级运算解决问题（1）	例 2，乘加、乘减的问题情境	1

续表

教材安排			优化后教学内容		
主题	教学内容	课时	主题	教学内容	课时
二级运算的运算顺序	例 2	1	二级运算解决问题（2）	二级运算的解决问题	1
含小括号的混合运算的运算顺序	例 3	1	灵活运用括号解决问题（1）	例 1，二级运算的练习	1
解决问题	例 4	1	灵活运用括号解决问题（2）	例 4	1
合计		4	合计		4

表 1–33　核心课时“二级运算解决问题（1）”教学设计

核心任务	教学实施
任务一：想一想，你想购买哪些物品？用简单的图画出来 	学生画图反馈层次： 实物图→抽象的几何图形 追问 1：你看得懂吗？ 追问 2：怎么表示更加清楚简洁？
任务二：根据图上信息画出你看到的信息和问题，并列式解决 	学生画图反馈层次： ①信息和问题表示不全 ②信息和问题表示齐全 对比 1：①②哪一个能更清楚地表示这个购物情境？ ③实物图表示 ④几何图表示 对比 2：③④你更喜欢哪一幅图？为什么？ 学生列式反馈层次： ① $7\times4=28$（元），$28+6=34$（元）

核心任务	教学实施
任务二：根据图上信息画出你看到的信息和问题，并列式解决 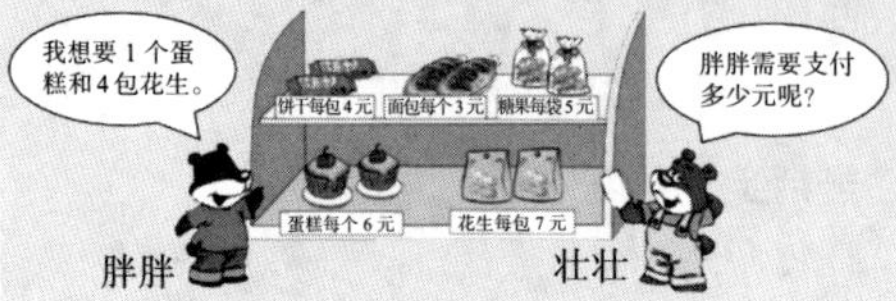 	追问1：每一步的含义是什么？在图中表示什么意思？ ② 7×4+6 追问2：谁看明白了？对应的分步算式是什么？ ③ 6+7×4 追问3：这样可以解决问题吗？你是怎么算的？说说道理。 回顾出示： 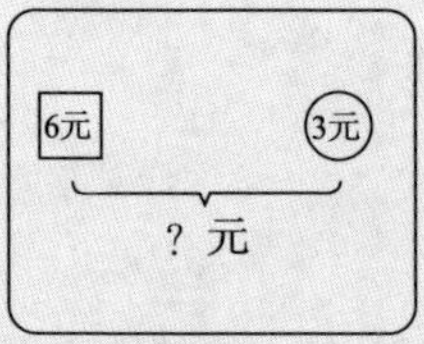 1个蛋糕和1个面包多少元? 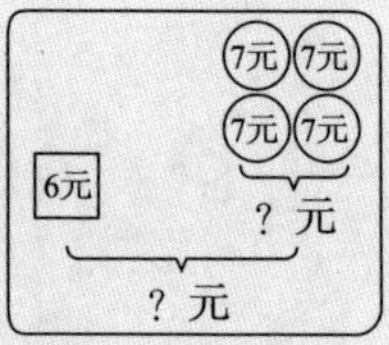 1个蛋糕和4袋花生多少元? 追问1：这两个购物故事中，有哪些地方是一样的？又有哪些地方是不一样的？ 生1：相同的地方是都要求一共有多少元 生2：第二个购物故事，是由两个小故事组成的 小结：原来今天我们解决的这个故事，其中包含了两个小故事 追问2：请你再提一个类似的购物情景，并画出你的购物图
任务三：画出图中的信息和问题，并列式解决 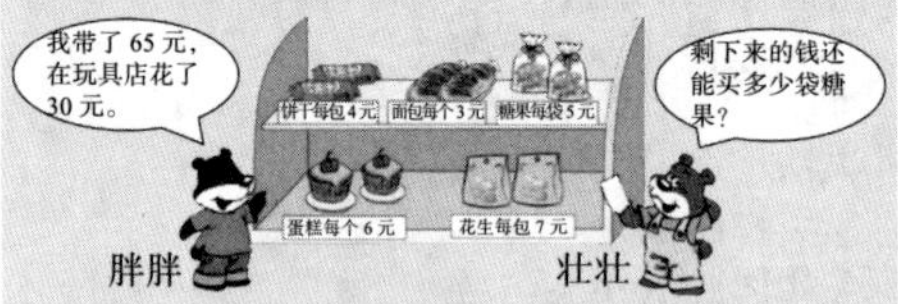 	教师组织学生独立完成任务后，在小组内交流自己的图与算式；然后小组派代表展示本组的最佳作品，并说明最佳作品好在哪里，其他作品还有哪里需要修正和完善

· 第二章 ·

『图形与几何』内容的单元整体教学

感觉到数学的美，感觉到数与形的协调，感觉到几何的优雅，这是所有真正的数学家都清楚的真实的美的感觉。

——庞加莱

《课标2022年版》在《课标2011年版》基础上对“图形与几何”领域的内容做了一定的调整，在小学阶段设“图形的认识与测量”“图形的位置与运动”两个主题。

在我国，“图形与几何”内容总体上经历了逐步丰富、完善的发展历程，从中也能发现数学课程从“关注知识”转向“关注能力”，并进一步注重“核心素养”。2001年的《全日制义务教育数学课程标准（实验稿）》（以下简称《课标实验稿》）开始单独设立“空间与图形”领域，主要包括图形的认识、测量、图形与变换、图形与位置，并提出了空间观念、推理能力等核心词。《课标2011年版》将“空间与图形”领域改为“图形与几何”领域，主要包括图形的认识、测量、图形的运动、图形与位置，并确立了与这些内容相关的作为数学核心素养的核心词——空间观念、几何直观、推理能力。《课标2022年版》保留“图形与几何”的领域名称，将内容整合为两个主题——图形的认识与测量、图形的位置与运动，并且进一步明确了空间观念、几何直观这两个核心素养的内涵，将“推理能力”调整为“推理意识”，并新增了“量感”，这些内容都与“图形与几何”这一领域内容的学习相关。

梳理历次教学大纲和课程标准的修订情况可以发现，在义务教育阶段的数学课程中，“图形与几何”领域越来越受到重视；课程内容的选择越发贴近学生的现实生活，也越发贴近学生的认知心理，去除繁难偏旧，削枝强干，旨在使学生发展未来社会所需要的关键能力和核心素养（史宁中 等，2022）[165]。

“图形与几何”领域的教学，同样要有整体的视角：一方面，从横向上来说，教师需要让学生关注到，图形的认识与测量是一体的，即与测量相关的内容，需要回归对图形的性质与特征的认识上；而图形的运动也需要跟图形的位置进行关联，教师可以尝试让学生通过位置的变化来看运动，如通过坐标来描述运动。另一方面，从纵向上来说，教师需要让学生认识到不同阶段对“图形与几何”内容学习的不同要求，例如不论是图形的认识还是图形的运动，在小学都分两阶段学习，其中第一阶段都是整体感知的方式认识图形及其运动，而到第二阶段都需要通过元素及其关系来进一步研究图形及其运动。

第一节 “图形的认识”单元整体教学

图形的认识，都是基于学生熟悉的现实世界中常见的认知起点，先从现实世界中的立体图形出发，再通过抽象，从三维到二维，让学生学习相应的平面图形，进而从度量的角度重新学习三维图形。事实上，在抽象学习相应的平面图形的时候，学生需要通过元素及其关系来认识图形。这是符合人类认识事物从整体到要素再到关联的基本特点的。按照范希尔的几何思维发展理论和课程标准的螺旋上升式编排的要求，认识图形的教学需要引导学生经历从整体直观感知过渡到元素特征与关系分析的过程，其中元素分析一般可以分为边的分析和角的分析，边的分析又可以分为长度关系分析和位置关系分析（邹安琪 等，2021）。在小学阶段，教师需要整体思考学生这样的一种图形的认识的进阶，同时又需要弄清在每个阶层认识的重点。

一、“平行四边形和梯形”单元：如何以边的位置关系认识图形

“平行四边形和梯形”单元属于“图形与几何”领域中图形的认识的内容。小学第二学段对图形的认识的要求是：对图形自身特点的认识；对图形元素之间、图形与图形之间的关系的认识。具体到四边形，学生需要经历从整体直观认知到从边、角等元素进行分析的过程。平行四边形和梯形的认识是学生第一次从边的位置关系的视角来认识四边形。那么，如何帮助学生开展对四边形的研究，实现从整体感知到元素分析、从大小关系

到位置关系、从图形元素之间到图形与图形之间的关系的跨越，达到对概念本质的理解呢？教师可以基于学习路径分析，对“平行四边形和梯形”单元进行整体思考和把握。

（一）明确素养导向的学习目标

1. 明晰核心素养内涵，确定核心目标

表 2-1　“平行四边形和梯形”单元核心素养内涵及关联内容

空间观念	能够根据物体特征抽象出几何图形，根据几何图形想象出所描述的实际物体；想象并表达物体的空间方位和相互之间的位置关系
几何直观	能够感知各种几何图形及其组成元素，依据图形的特征进行分类；能根据语言描述画出相应的图形，分析图形的性质
学段目标	认识常见的平面图形，形成空间观念和初步的几何直观
内容要求	了解同一平面内两条直线的位置关系；认识四边形，会根据图形特征对四边形进行分类
学业要求	能辨认同一平面内两条直线是否平行或垂直；能说出长方形、正方形、平行四边形、梯形的特征；能说出图形之间的共性与区别，形成空间观念和初步的几何直观
教学提示	引导学生在认识长方形、正方形、平行四边形、梯形的过程中，感悟这几类四边形的共性与区别
学业质量	能认识常见的四边形，形成空间观念和初步的几何直观

分析表 2-1 和“平行四边形和梯形”的单元内容可知，本单元的学习目标基本为以下三个：（1）理解平行与垂直的概念；（2）掌握平行四边形和梯形的特征；（3）梳理四边形之间的关系。本单元的核心目标是认识平行和利用平行认识四边形。

2. 分析核心目标，提炼具体表现

基于以上分析，结合图形概念本质及学生发展水平特点，我们对核心目标做以下具体化分析。

（1）认识平行

“平行”的定义为：在同一平面内，不相交的两条直线互相平行。平行概念具有直观性，但不能仅凭直观而确认。对于“不相交”，学生很难判定，需要进行相关的位置和度量分析（鲍建生 等，2009）。平行概念的建立需要将抽象的位置关系通过度量转化为可测的具体表象：如果两条直线间的垂直线段的长度处处相等，这两条直线平行；从另一个角度看，如果两条直线与第三条直线相交，形成的角度相等，这两条直线平行，垂直于同一条直线的两条直线互相平行是特殊情况。学生需要将抽象的位置关系转化为用距离、角度来进行描述分析的具体关系，其中利用角度来对平行进行分析在这一阶段不做要求。

因此，“认识平行”的内涵具体为：不仅要在直观上理解不相交，还要能调用垂线、垂直线段、长方形等经验，形成“两条直线之间的距离相等”的判定依据和方法。

（2）利用平行认识四边形

“利用平行认识四边形”的内涵为：能关注到四边形中边的位置关系，能利用不同的位置关系来认识四边形，并对四边形进行分类。

由此，核心素养导向下核心目标的表现性目标形成（见表 2-2），教师可以以此设计表现性任务和调控教学。

（二）确定学习起点

为了解学生对核心目标的理解水平，我们对某校四年级两个班的 44 名学生进行前测。根据目标，我们设计评价任务，制订评分标准，并结合表现对学生理解水平进行统计分析。

表 2-2 “平行四边形和梯形”单元核心素养导向下核心目标的表现性目标

核心素养内涵	核心目标	表现性目标
1. 能够根据物体特征抽象出几何图形，根据几何图形想象出所描述的实际物体 2. 想象并表达物体的空间方位和相互之间的位置关系 3. 能够感知各种几何图形及其组成元素，依据图形的特征进行分类 4. 能根据语言描述画出相应的图形，分析图形的性质	认识平行	1. 认识平面上两条直线相交的位置关系，理解垂直是特殊的相交，认识垂线，会画垂线
		2. 认识点到直线间垂直线段最短，理解距离的概念
		3. 能从直观、方向、距离等方面理解不相交，建立平行概念，能判断平行，会画平行线
	利用平行认识四边形	1. 能利用垂直于同一条直线的两条直线互相平行，进一步认识长方形的两组对边互相平行，继而理解长方形是特殊的平行四边形
		2. 能关注到四边形边的位置关系，能从平行的角度去认识平行四边形的本质特征是两组对边分别平行，并能运用特征进行判断
		3. 能迁移研究平行四边形的方法去研究梯形的特征，能从平行角度对平行四边形和梯形进行分类
		4. 能用角和边两个关键元素构建四边形之间的关系网络图

1. “平行概念”理解水平分析

学生对“平行概念”的理解可以分成以下不同水平：水平 0——不能正确判断平行线，概念不清；水平 1——能正确判断最基本的平行线，不能说明理由；水平 2——能正确判断基本的平行线，能从直观视角说明不相交；水平 3——能正确判断平行线，并能从等距视角说明不相交；水平 4——能正确判断平行线，并从方向、角度上说明不相交。对于这一方面，我们通过“判断下面哪些图形是平行的或哪些图形中存在平行线”以及“你是怎么判断它们是平行的”（见图 2-1）的任务对学生进行前测。

1. 判断下面哪些图形是平行的或哪些图形中存在平行线，请将序号写下来：(　　)

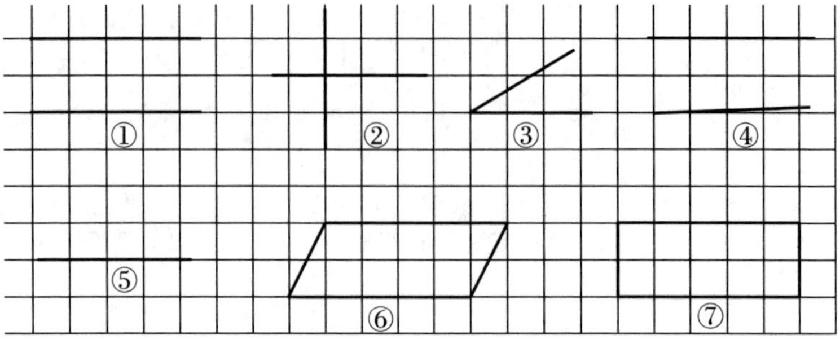

2. 你是怎么判断它们是平行的？把你的想法写下来。

图 2-1　“平行概念”前测题

通过前测我们发现：处于水平 0 的学生是由于不理解平行的概念，不清楚平行是表示两条直线的位置关系，认为只要有平的线就是平行线而选择了所有选项，还有学生出现平行与垂直概念混淆的情况而选择了②和⑦。大部分学生能理解直线无限长，能判断最基本的平行线。学生对平行的理解大多处于直观水平，只有 12% 的学生能从等距视角说明不相交。从角度上说明不相交的思路，学生难以理解，因此没有出现。在对长方形和平行四边形的判断中，学生大多选择长方形而非名字中含有“平行”的平行四边形，也正说明学生对于利用平行认识图形的经验和认知欠缺。

2.“利用平行认识平行四边形”理解水平分析

为了解学生对“利用平行认识平行四边形”的理解，我们借助多种图形让学生判断并说明理由（见图 2-2）。

1. 下面的图形中，(　　　) 是平行四边形。(填序号)

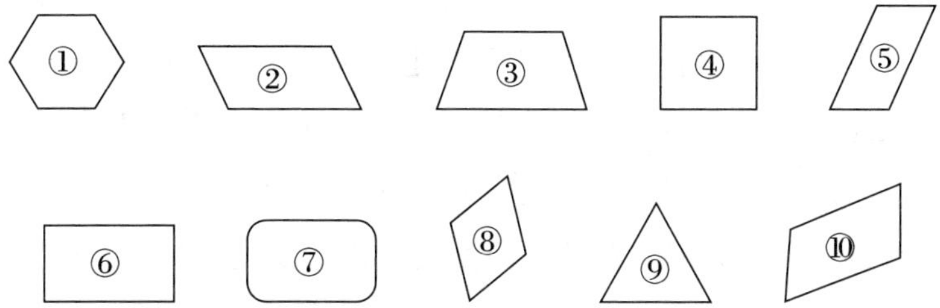

2. 你是怎么判断这些图形是平行四边形的？(写一写你的想法)

____

____

图 2-2　“利用平行认识平行四边形”前测题

通过前测我们发现：学生能判断最基本的平行四边形，对于特殊的长方形和正方形学生能理解的不多。学生对平行四边形的判断仅停留在最基础的直观水平上。在写判断理由时，学生大多能关注到边和角的特征但不能关注到它们之间的关系，如写“都有两个锐角和两个钝角”等判断方法。有 36.4% 的学生能从对边相等、对角相等、对边平行等关系的角度来说明。只有 15.9% 的学生能正确判断并从位置关系角度来说明判断方法。

因此，对平行的直观判断和利用边和角的大小关系研究四边形是学生的认知起点；对平行的描述分析和利用平行关系去认识四边形是学生的认知难点。

(三) 分析学习路径

基于以上分析，从整体教学来看，本单元教学应分为两个阶段：一是认识平行，二是利用平行关系认识四边形。利用平行认识四边形需要学生先建立平行概念，而整体认识平行又需要以垂直为基础。因此，我们将单元学习路径确定为：相交与垂直—认识平行—平行四边形的认识—梯形的认识—四边形之间的关系。

学生先认识相交和垂直。相交、直角是学生的前概念，画直角是学生的已有经验，它们都与垂直联系紧密。学生对角度的理解比对平行关系的理解更为容易。在垂直、距离等概念建立和画图技能形成后，学生再学习平行的概念和画平行线。理解平行概念，除了在定义上直观感知，还要借助“平行线之间的距离处处相等”和“垂直于同一条直线的两条直线互相平行”等进一步从方向、距离、角度视角进行度量分析，利用定义、性质、判定等从多角度对平行概念进行全面构建，促进对本质的理解。增加画平行线的内容，让学生从等距视角深入理解平行，为后面画长方形提供方法支撑，为平行四边形和梯形的研究积累基本活动经验，为几何推理奠定基础（张奠宙，2017）。

平行概念建立后，教师教学画长方形，唤醒学生研究图形特征的活动经验。学生已经经历了从边与角两个维度去认识图形特征的过程，在长（正）方形的认识中，主要是看边与边之间的长度是否相等，并拓展到从边的位置关系去认识长方形。

接着教师教学平行四边形的特征，让学生自觉关注从边的位置关系去考虑图形的特征，并且能利用本质特征去判断平行四边形。在此基础上学生学习梯形特征，运用认识平行四边形特征的基本方法，即要认识一个四边形就要观察、探索这个图形边的关系与角的关系，来认识梯形的本质属性，即两组对边之间的关系，从而对研究图形的方法进行巩固（朱乐平，2019）。

学生对于这几种图形的并列、从属等关系的理解其实是非常困难的，因此在基本概念建立后教师要教学图形间的联系，帮助学生真正建立起关键元素与图形的联结，实现从知识到方法再到数学思想的提升。

（四）单元整体教学思考

基于以上的学习路径，“平行四边形和梯形”单元的教学可以进行如下的重新架构：相交与垂直—画垂线—点到直线的距离—平行—画平行线—解决问题（画长方形）—平行四边形的认识—梯形的认识—四边形之间的关系。这样的教学把原来的“平行与垂直”分成两课时，将相交与垂直、画垂线安排在一个课时，先带领学生认识垂直；在画垂线、认识距离的基础上让学生学习平行，同时增加画平行线的内容；将四边形之间的关系单独列为一课时。每课时的学习目标和学习任务如表 2–3 所示。

表 2–3 “平行四边形和梯形”优化后的单元整体安排、目标和任务

课时	内容	学习目标	核心任务
1	相交与垂直	认识平面上两条直线相交的位置关系，知道两条直线互相垂直是相交的特例，认识垂线，能借助三角尺画已知直线的垂线	任务一：画两条直线相交（小组交流哪种最特殊，理解垂直概念，认识垂足；在方格纸中画不同方向的垂线，用字母和符号表示，同桌互说） 任务二：用三角尺画过直线上（外）一点到已知直线的垂线
2	点到直线的距离	认识点到直线间垂直线段最短，理解距离的概念，初步感知与两条平行线互相垂直的线段的长度都相等	任务一：要从幸福镇修一条通往公路的水泥路，怎样修最近？（在测量对比中发现垂直线段最短，学习距离的概念） 任务二：小明过马路，怎样走路线最短？（选定不同的点，画两条直线间的垂直线段，初步感知距离相等）
3	认识平行	能从直观、方向、距离等方面理解不相交，建立平行概念，会用符号表示平行；能判断平行；会画平行线	任务一：对比两条直线的多种位置关系图，直观感知不相交，得出平行定义 任务二：用自己的方法创造平行，并说明理由保证自己画的是平行线。 任务三：欣赏解释生活中的平行，对有争议的错觉图，利用等距来验证平行。
4	解决问题（画长方形）	进一步理解长方形的特征，会用垂直和平行画出给定长与宽的长方形，积累解决问题的经验	任务一：画一个长为 3 厘米、宽为 2 厘米的长方形；怎样画才能保证画得准确？（复习长方形、正方形的特征；小组讨论方法；尝试画图，同桌验证；反馈方法，概括共性） 任务二：画一个周长为 8 厘米的正方形（独立完成，同桌验证）
5	认识平行四边形	理解并掌握平行四边形的概念和特性，能从边的位置关系探究四边形的特征并进行判断；理解长方形和正方形是特殊的平行四边形；认识平行四边形各部分的名称和特性，会画平行四边形的高	任务一：小组合作，探究前测中公认的平行四边形的共同特征；揭示概念，理解平行为最本质特征 任务二：判断前测中的其他图形并利用平行进行验证，理解长方形和正方形是特殊的平行四边形 任务三：搭一搭平行四边形，理解平行四边形的不稳定特性及其在生活中的应用；结合平行理解平行四边形有两组高、无数条高，学习画平行四边形的高

续表

课时	内容	学习目标	核心任务
6	认识梯形	理解并掌握梯形的定义以及梯形各部分的名称，学会画梯形的高；能利用不同的位置关系来认识特殊梯形；能利用元素对图形进行对比	任务一：请在点子图中画三个不同的梯形，尽量画得与众不同（边画边想怎样保证画的是梯形；同桌互查，说明理由；修正，并标上各部分名称，画出一条高；小组选出 3 个最与众不同的梯形，说明理由） 任务二：你最想把梯形和原来的什么图形做对比？为什么？它们有什么相同点和不同点？
7	四边形间的关系	利用不同的位置关系理解和掌握梯形、平行四边形、长方形、正方形之间的关系	任务一：利用几何画板，让四边形变一变、分一分 任务二：完成表格，说说图形之间的联系和区别 任务三：利用元素画四边形知识网络图

二、“图形的运动（二）”单元：如何以图形要素认识运动本质

《课标 2022 年版》提到，图形的运动是指图形所在位置和形状大小的改变，具体要求学生理解轴对称、旋转和平移时的变化规律和变化中的不变量。人教版教材将“图形的运动”分为三部分，其中“图形的运动（一）”是整体感知图形的运动，利用平移、旋转和轴对称解释现实生活中的现象，处于水平数学化阶段；“图形的运动（二）”和“图形的运动（三）”是进一步认识图形的运动，处于垂直数学化阶段。在“图形的运动（二）”单元，学生将第一次关注到要通过图形要素描述运动，这对于学生的认知水平和思维方式来说是一次重大的改变。然而在实际教学中，有的教师比较注重知识点的教学，强化训练学生画图的基本步骤，但学生在学习完本单元后，仍喜欢凭感觉去画，无法自主迁移利用要素之间的关系去画图。在教学过程中我们应当如何设计学习活动让学生自主关注运动中的要素，并能利用要素间的关系画图呢？

（一）明确素养导向的学习目标

1. 明晰核心素养内涵，确定核心目标

表 2-4 “图形的运动（二）”单元核心素养内涵及关联内容

空间观念	感知并描述图形的运动和变化规律
学段目标	进一步认识图形的平移、旋转和轴对称
内容要求	能在方格纸上进行简单图形的平移和旋转；认识轴对称图形和对称轴，能在方格纸上补全简单轴对称图形；能借助方格纸设计简单图案，感受数学美，形成空间观念
学业要求	能够在方格纸上描述图形的位置，画出简单图形沿水平或垂直方向平移后的图形；知道轴对称的对称轴，能在方格纸上补全轴对称图形，形成推理意识
教学提示	可借助方格纸，引导学生画出简单图形平移、旋转后的图形，以及补全轴对称图形，感受图形变化的特征，动手操作，动脑想象；引导学生从平移、旋转和轴对称的角度欣赏自然界和生活中的美
学业质量	能描述图形的位置和运动

分析表 2-4 和“图形的运动（二）”的单元内容可知，本单元的学习目标基本为以下四个：（1）认识轴对称和平移运动；（2）能通过画图描述图形的运动；（3）能利用平移求解不规则图形的面积；（4）会从平移和轴对称的角度欣赏自然界和生活中的美。其中，前两个是本单元的核心目标。

2. 分析核心目标，提炼具体表现

确定核心目标后，我们需要将核心目标具体化，提炼具体表现，并形成水平层次，这样才能真正在每一节课中指导教师的教学行为。在制定具体表现目标时，我们进一步对以上核心目标做如表 2-5 所示的具体化分析。教师可以根据具体化后的表现性目标来设计和调控教学。

表 2-5 “图形的运动（二）”单元核心素养导向下核心目标的表现性目标

核心素养内涵	核心目标	表现性目标
感知并描述图形的运动和变化规律	认识轴对称和平移	1. 知道判断轴对称图形的方法
		2. 能通过折一折等方法找到基本几何图形的所有对称轴
		3. 理解平移和轴对称图形中对应点的特征
		4. 理解轴对称图形中对应点和对称轴之间的关系
		5. 能利用图形的要素特征进行说理辨析
	通过画图描述图形的运动	1. 能利用图形的要素特征在方格纸上画出简单图形沿水平或垂直方向平移后的图形
		2. 能利用图形的要素特征在方格纸上补全简单轴对称图形的另一半

（二）确定学习起点

在本单元之前，学生已经经历了通过整体感知的方式认识图形的运动。他们的学习起点在哪里？关于图形运动的要素已经知道多少？结合范希尔水平层次和 SOLO 理论水平，我们对学生理解轴对称和平移的水平层次进行了划分（见表 2-6 和表 2-7），并选择两组题对某校四年级 125 名学生进行了前测和分析。

1.“轴对称”理解水平分析

我们设计了两道前测题：第一题主要考查学生的整体感知情况，即了解水平 0 的学生有多少；第二题通过画图和说理，了解学生关于对称轴和对应点的学习起点，即了解水平 1 和水平 2 的学生有多少（如图 2-3 所示）。具体水平划分和前测结果见表 2-6。

1. 下面的图形是轴对称图形吗？如果是，请画出它的对称轴。

2. 下面的图形是轴对称图形吗？如果是，请画出它所有的对称轴。

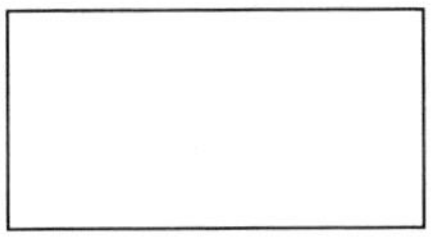
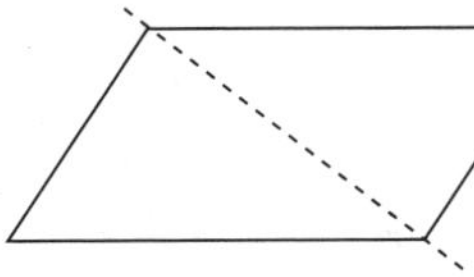

（　　）　　　　（　　）

（1）请你从不同角度说明你判断的理由。

理由：________　　理由：________

理由：________　　理由：________

（2）画出其中轴对称图形的所有对称轴。

图 2-3　“轴对称”前测题

表 2-6　“轴对称”前测结果

水平划分	内容要素	具体描述	占比
水平 0	无	无法直观判断轴对称	5%
水平 1	直观感受轴对称图形	能用折一折的方法判断简单的轴对称图形，并能找出一条正确的对称轴	40.8%
水平 2	初步分析轴对称图形	能用折一折的方法判断稍复杂的轴对称图形，并能找出所有的对称轴	52.1%
水平 3	描述轴对称图形	能找出所有的对称轴；能利用对应点判断是否为轴对称图形	2.1%

5% 的学生无法正确判断轴对称，主要错误原因是学生对完全重合的概念已经模糊，只知道轴对称图形两边形状、大小一样，而对沿着对称轴翻折过去两边要完全重合已经遗忘。95% 的学生能判断简单图形是不是轴对

称图形，但其中只有 54.2% 的学生能判断出基本几何图形的所有对称轴，只有 2.1% 的学生关注到对应点的连线应该和对称轴垂直。

2.“平移”理解水平分析

对于“平移”，我们同样设计了两道前测题：第一题主要考查学生的整体感知情况，即了解水平 0 的学生有多少；第二题通过选择和说理，了解学生对于平移要素的学习起点，即了解水平 1 和水平 2 的学生有多少（如图 2-4 所示）。具体水平划分及前测结果见表 2-7。

1. 下面图形可以由①号房子平移得到的请打钩，并写一写是向什么方向平移的。

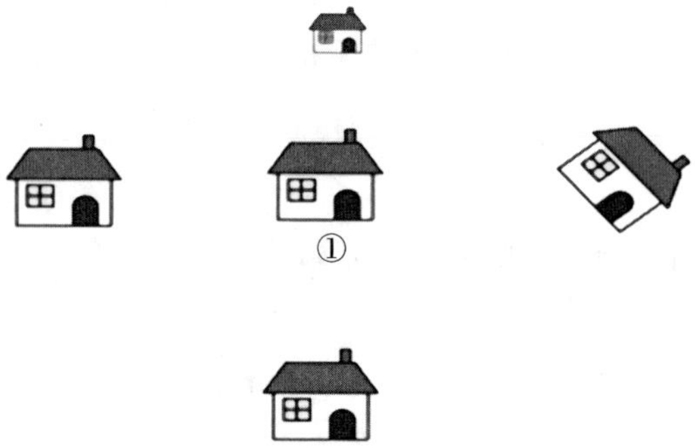

2. 把长方形向右平移 4 格，你认为下面哪幅图能正确表示？请选一选：(　　)，并说明你选择的理由。

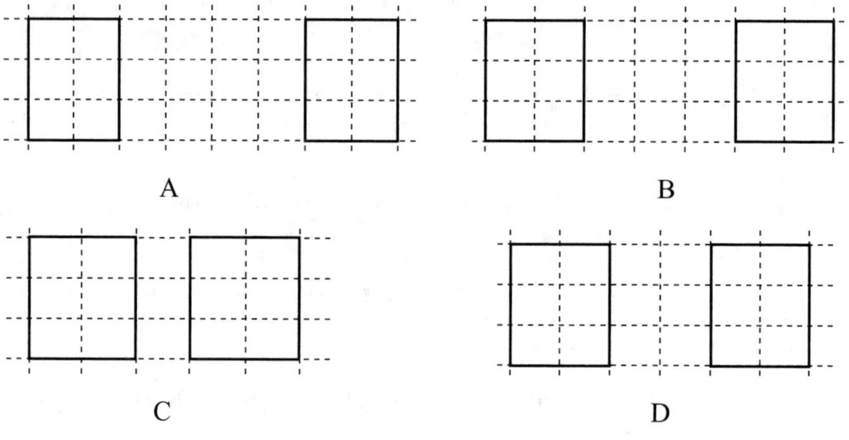

图 2-4　“平移”前测题

表 2-7 “平移”前测结果

水平划分	内容要素	具体描述	占比
水平 0	无	无法直观判断平移	3%
水平 1	直观感受平移	知道平移后图形的形状、朝向、大小不变，能直观判断平移的方向	26.2%
水平 2	初步分析平移	能利用具体实物的移一移，准确描述平移的距离、方向	37.5%
水平 3	利用对应点描述平移	能利用点的移动，准确描述平移的距离、方向	33.3%

97% 的学生会判断平移的方向，以及知道平移后图形的形状、大小、朝向不变，其中 70.8% 的学生知道什么是向右平移 4 格。进一步分析学生判断的理由，有 37.5% 的学生是假装手里有一个长方形去移动从而整体感知找到答案的，有 33.3% 的学生能通过点、线的移动去判断平移的方向和距离。

对比前测结果可知，在关于轴对称的学习中学生很难主动且准确地关注到图形运动的要素，有 45.8% 的学生处于水平 0 和水平 1，而关于平移的学习中这一比例为 29.2%，显然平移的学习起点要比轴对称高许多。教师在教学轴对称时既要通过动手操作引导学生回忆“对称轴”和“完全重合”的概念，又要在现实情境中引导学生主动关注运动中的要素及要素间的关系。

（三）分析学习路径

轴对称和平移的学习路径相同，都是从整体感知到通过要素认识，都要从根据形状、角度和距离作图发展为利用图形要素之间的关系作图。教材安排先学习轴对称，因而轴对称的学习承载了更多的目标：（1）引导学生第一次从要素的角度认识图形的运动；（2）带领学生第一次运用要素画运动后的图形。基于以上分析，从单元整体教学视角出发，本单元教学可以分为四个阶段。

第一阶段，理解轴对称运动中的要素。借助基本几何图形，教师通过折一折的方式带领学生回顾“对称轴”的概念，理解“完全重合”的概念。

第二阶段，理解轴对称运动中要素的关系，能准确画出轴对称图形的另一半。教师借助判断是不是轴对称图形的任务，使学生主动关注运动的要素“点”；借助不同层次的画图任务，使学生逐步理解对称点到对称轴之间的距离相等和对称点的连线与对称轴垂直，通过对比、辨析和总结提炼画图方法，提升认知水平。

第三阶段，理解平移中的要素和要素的关系，能准确画出平移后的图形。教师唤醒学生已有的经验，通过画图、说理等任务让学生认识平移是在同一平面上图形上的所有点都按照某个方向做相同距离的移动，促使学生从要素的角度理解运动的本质。

第四阶段，经历自主探究的过程，运用平移的方法解决简单不规则图形的面积问题，加深对“平移”这种图形运动方式的理解。教师可以对比面积和周长，帮助学生厘清平移过程中的变与不变。

（四）单元整体教学思考

对于“图形的运动（二）”，在正式教学之前，教师可以安排一次课前实践性作业，利用午间时间进行梳理。因为前测显示已经有一半学生掌握了对称轴知识并且具有一定的自主学习能力，像动手操作找出基本几何图形所有对称轴这样的实践作业既可以提升学生的学习兴趣、培养学生思维的严谨性，又加深了学生对对称轴这个要素的理解，为后续的探究打下了坚实的基础。

轴对称和平移的再认识各安排一课时，主要是让学生在操作中认识要素以及要素之间的关系。需要特别关注的是，轴对称教学中“对应点的连线和对称轴垂直”这个关系是最难被学生发现的，这主要有两个原因：一个是对应点的连线不是直观存在的，学生很难观察到；另一个是四年级的学生对发现线与线之间的关系经验是不足的。因此，教师应在教学中通过第一次画图引导学生发现对应点到对称轴的距离相等，接着安排第二次画图，呈现不同结果，带领学生对比思考“两幅图对应点到对称轴的距离都是一样，哪一幅图是正确的呢”，打破学生的认知局限，引导学生去寻找新的关系，从而突破教学难点。

轴对称的再认识后安排了一节画图练习课，主要是带领学生从根据形状、角度和距离进行画图，到后来的找关键点进行画图，最后到能结合这两种方法灵活进行画图。我们发现当前教材中的画图练习太过单一，不利于学生进行画法提炼。练习课通过画“”等复杂图形，使学生感受找关键点的重要性，以及连接点时关注“序”的重要性；通过画多次轴对称运动后的图形，训练学生灵活画图的能力，从而加深学生对运动要素的认识。

综上分析，“图形的运动（二）”课时安排（见表 2-8）和核心课时设计（见表 2-9）如下。

表 2-8 “图形的运动（二）”单元教材安排和优化后教学内容对比

教材安排			优化后教学内容		
主题	教学内容	课时	主题	教学内容	课时
轴对称图形的再认识	例 1 和例 2	1	轴对称图形的再认识	例 1 和例 2	1
平移的再认识	例 3	1	画轴对称图形练习课	提炼画法	1
解决问题	例 4	1	平移的再认识	例 3	1
			解决问题	例 4	1
合计		3	合计		4

表 2-9 核心课时“轴对称图形的再认识”教学设计

核心任务	教学实施
任务一： 下面的图形是轴对称图形吗？  	1. 学生判断说理，电脑动态验证 2. 对于有争议的图形，教师操作验证

核心任务	教学实施
任务二： 1. 下面的树是轴对称图形吗？ 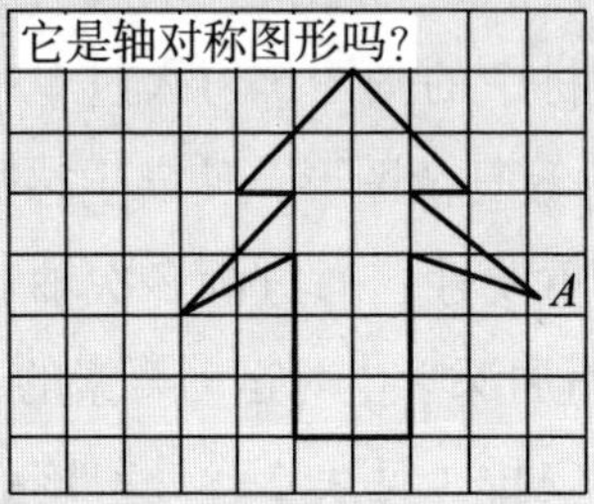 2. 请你在下图中画出更多的对称点 学习活动：你画我找 （1）想一想：有哪些点？ （2）同桌两人，一人画点，一人找对称点 （3）说一说，你是怎么找到这些对称点的 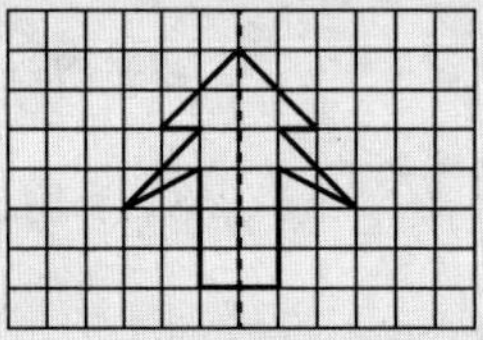	1. 方格未出现时判断，学生有争议，提出需要方格，教师出示方格 2. 学生再次判断，说明理由，在说明理由的过程中去关注如何从要素的角度去予以描述 预设：学生认为该图形不是轴对称图形，因为点 A 不在距离折痕 3 格的格点上 3. 学生理解对应点的概念 4. 学生画对应点的反馈： （1）先展示转折点 （2）再展示边线上的点和边线内的点 小结：边线上、边线内都有对应点
任务三： 1. 画出下面轴对称图形的另一半 学习活动： （1）画出轴对称图形的另一半 （2）和同桌说一说你是怎么画的 （3）如果发现有错误，请进行修改 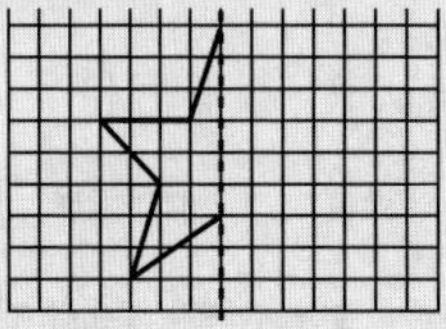 2. 画出下面轴对称图形的另一半 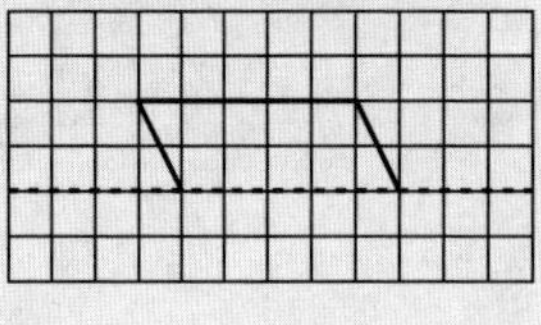	1. 五角星：有层次的反馈 （1）按照线段、角度画 （2）先确定对应点，然后连线 关键问题 1：两种画法有什么不一样的地方？ 关键问题 2：画图时找的这些点都有什么特征？ 小结：我们可以根据形状、角度去画图，也可以找到这些转折点的对应点后连线进行画图 2. 四边形： （1）对比两幅图（正确的和画成平行四边形的），哪一幅是正确的？ （2）用于找对应点的两个转折点到对称轴的距离都是 2 格，那对应点还有什么特征？ 板书跟进：连线要竖下来→对应点的连线和对称轴互相垂直

第二节　“图形的测量”单元整体教学

图形的测量，一直是小学数学的重要内容，由于特别贴近生产生活而备受重视。从世界范围看，我们也能发现测量在数学课程中的重要地位。作为《课标 2022 年版》中新增的核心素养，“量感”这一重要的关键能力也受到越来越多的关注。学生对感官量的学习和理解，一般都经历下述五个阶段：阶段 1，量的初步认识；阶段 2，量的间接比较；阶段 3，认识国际通用单位并用其描述大小；阶段 4，国际通用单位体系的认识与换算；阶段 5，利用公式求量的大小（刘加霞 等，2012）。像“周长”“面积”“体积”这样的内容的学习就会完整经历以上五个阶段，在单元整体教学中教师需要整体考虑。特别是像周长、面积、体积的概念的学习，学生需要完整经历前两个阶段，具体而言，包括三个方面：第一，认识度量对象的属性；第二，能够选择不同的方法直接比较大小；第三，在不能直接比较的情形下，能够运用间接比较，即选择一个合适的工具来间接比较或者描述大小。

在这五个阶段之后，量感发展还有一个阶段：像在“多边形的面积”这一单元中，学生还需要通过推理将未知图形转化为已知图形进行计算，也即还需要落实“推理意识”这一核心素养。

一、“周长”单元：如何通过周长更好地认识图形

周长，顾名思义，就是“一周边线的长度”。“周”是前提，“长”是关键。因此，周长既有“形”的概念，研究周长离不开对形的研究；周长又

是有关“长度”的概念，是可以度量的。在现实教学中，教师往往存在一种误区：在公式教学之后，周长的计算成了应用公式求值的过程。这样做，既没有很好地重视对“周”的理解，也忽视了对“长”的体验，导致学生很难充分感受“周长是度量单位的累加”。在“周长”的教学中，理解周长概念无疑是最重要的教学内容，那么周长概念的本质究竟是什么？从单元整体教学的角度来看“周长”这一内容，教学需要如何开展？我们可以尝试用分析学习路径的方法对教学进行深入的思考。

（一）明确素养导向的学习目标

1. 明晰核心素养内涵，确定核心目标

表 2-10　“周长”单元核心素养内涵及关联内容

量感	会针对真实情境选择合适的度量单位进行度量
学段目标	经历平面图形的周长的测量过程，探索长方形周长的计算方法，形成量感、空间观念和初步的几何直观
内容要求	结合实例认识周长，探索并掌握长方形、正方形的周长计算公式
学业要求	知道什么是图形的周长，会测量三角形、长方形和正方形的周长，会计算长方形、正方形的周长，形成量感和初步的几何直观
教学提示	引导学生感知线段长度的可加性，理解三角形的周长，归纳出长方形和正方形周长的计算公式
学业质量	会测量、计算长方形与正方形的周长

分析表 2-10 和“周长”的单元内容可知，本单元的核心目标是：（1）理解周长概念；（2）认识长方形和正方形的特征；（3）加强长方形、正方形的特征认识和周长计算的联系。

2. 分析核心目标，提炼具体表现

确定核心目标后，我们需要将核心目标具体化，提炼具体表现，并形成水平层次，这样才能真正在每一节课中指导教学行为。在制定具体表现

性目标时，我们根据对周长概念理解的不同层次以及对长方形和正方形特征的认识，进一步对以上三个核心目标做如表 2-11 所示的具体化分析。教师可以根据具体化后的表现性目标来设计和调控教学。

表 2-11 “周长”单元核心素养导向下核心目标的表现性目标

核心素养内涵	核心目标	表现性目标
1. 知道度量的意义，能够理解统一度量单位的必要性；会针对真实情境选择合适的度量单位进行度量，会在同一度量方法下进行不同单位的换算 2. 能够感知各种几何图形及其组成元素，依据图形的特征进行分类，根据语言描述画出相应图形，分析图形的性质	理解周长概念	1. 结合实例认识周长，能描出图形的边线，知道周长在哪里
		2. 能测量简单图形的周长，用边线相加、“化曲为直”等方法得到周长
		3. 能根据图形的特征用多种方法计算特殊图形的周长
	认识长方形和正方形的特征	1. 进一步从边和角的元素及其关系认识长方形、正方形的特征
		2. 能根据边、角的特征理解正方形是特殊的长方形
	加强长方形、正方形的特征认识和周长计算的联系	1. 在计算长方形、正方形周长的过程中，进一步关注边的特征
		2. 根据边的特征对周长计算方法进行优化

（二）确定学习起点

为了更好地了解学生的认知起点，我们对三年级、四年级学生进行了调查，主要从对周长的认知、对概念的理解以及周长计算与图形特征三个方面了解学生的学习起点。

1. 学生对周长的认知

测试题：你知道什么是周长吗？用自己的话写下来。

学生的具体表现如表 2-12 所示。

表 2-12　对周长的认知前测结果

	表达正确	部分理解	表达错误
文字说明	会用“围绕图形一周的长度”来说明，部分学生有提前学习的经验	虽然表达不完整不规范，但能用“边的长度”“图形的外框”“边长的和”等关键核心词语解释	个别认为周长是长，大部分说“我不知道周长”

2. 学生对概念的理解

测试题：找出给定图形的周长。

学生的具体表现如表 2-13 所示。

表 2-13　对概念的理解前测结果

	表达正确	部分理解	表达错误
第 1 题	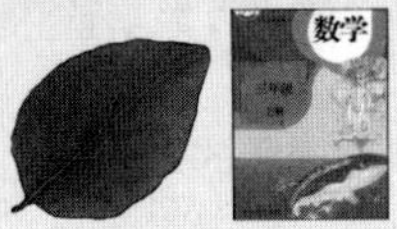	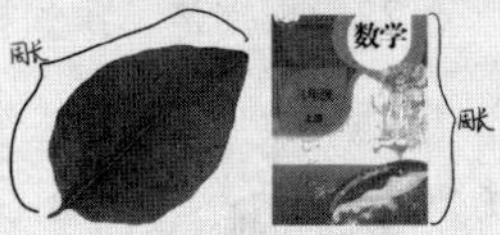	说“我不知道周长”，无法找到周长
第 2 题			1. 认为③有周长 2. 将⑤里面的线画起来 3. 认为⑥没周长

学生对一维空间的长度度量有一定的经验与基础，会把周长和长度进行挂钩，但对于长度的认识仅局限于线段的长度（朱国平，2017），对“一周长度”表象的建立是不够的，在图形的周长与线段的长度间没能建立联系。甚至，一部分学生认为只有长方形、正方形、圆等规则图形才有周长，像半圆等不那么规则的图形，虽然也是封闭图形，但没有周长。

3. 周长计算与图形特征

针对学生对周长计算的理解情况，我们使用相同内容（求给定方格中阴影部分的周长），分别对三年级和四年级的学生进行了有针对性的前测和后测，有关错例如表 2-14 所示。

表 2-14　三、四年级学生的前、后测错例

	序号	方法描述	思路描述
前测：三年级	错例 1	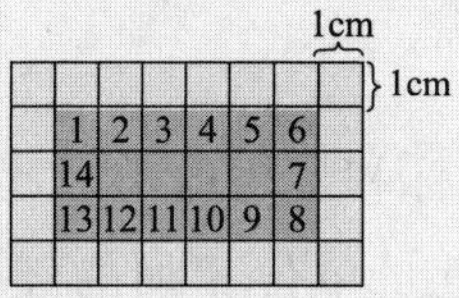	数外围一圈的格子
	错例 2	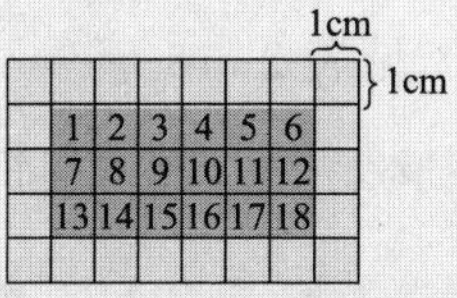 3×6=18	求长方形的面积
	错例 3	6 + 3 + 6 + 3 + 3=21	求长方形的周长加中间线段长
后测：四年级	错例 1	3×3×2	求两个正方形的面积
	错例 2	3×（3 + 3）	求长方形的面积
	错例 3	3×4×2	求两个正方形的周长
	错例 4	（3+6）×2=18（cm^2）	求错用面积单位

我们根据前测、后测结果不难发现，三年级学生大部分不知道什么是周长，这样计算图形周长就无从下手，错例集中在不清楚图形的一周在哪里，甚至把所有格子的大小也就是面积当作了周长。在学习了周长和面积以后，四年级学生的问题和三年级学生的竟然大同小异：求周长时套用面积公式、将周长与面积的单位混淆、不清楚一周在哪里。究其根源，是学生在周长概念建立的过程中，对本质的理解不够深刻，对度量过程的体验不够丰富。

求周长的过程应该是“先找一周边线”，“再测量累加求和”。基于前测，三年级的学生有不同的计算周长的方法，甚至一部分学生能根据边的特征得到简便的计算方法，其实已经在用周长计算公式了。但在实际教学中，教师往往急于让学生学会用公式求值，学生对计算过程的体验和对方法的

渗透都明显不足。所以，我们应该淡化公式教学，增加学生关于周长度量单位累加的经验。

（三）单元整体教学思考

综上所述，结合单元学习目标和学生的学习起点，我们对教材内容进行了优化重整，增加学生关于度量单位累加的经验，让学生更好地体验“周长”本质，淡化公式教学，在整体课时数不变的前提下，适当拓展，以更好地帮助学生理解周长的含义（见表2-15）。

表2-15 “周长”单元教材安排和优化后教学内容对比

教材安排		优化后教学内容	
例题	教学内容	课时	教学内容
例1	四边形的初步认识	1	认识周长（一）
例2	长方形、正方形的特征	2	认识周长（二）
例3	周长的含义	3	特殊图形的周长
例4	长方形、正方形的周长计算	4	长方形、正方形的特征
例5	解决实际问题	5	拓展课：辨周长
	单元整理和复习	6	单元整理与复习

优化后的整体编排，将周长的认识分成两个阶段：第一阶段，结合具体实物或图形，认识周长的实际含义，重在丰富对周长概念的认知，让学生体会到周长是一般概念，避免学生产生只有对长方形、正方形、圆等规则图形才能求周长的思维定式，并且能让学生充分感受到周长的本质就是边线的不断叠加；第二阶段，从一般走向特殊，在研究特殊图形的周长的过程中，发现长方形、正方形周长的不同计算方法，从而关注到边的特征，让学生关于周长的体验更加丰满，并进一步利用周长模型，进行生活中的应用与拓展，积累解决问题的经验。具体安排及目标如表2-16所示。

表 2-16 “周长的认识”优化后的单元整体安排及目标

内容	核心任务	任务材料	任务目标
认识周长（一）	任务一： 描周长，理解周长含义 用彩笔描出树叶和数学书封面的边线		通过描周长，获得鲜明、生动、形象的认识，能正确描出图形边线，初步感知周长的含义
	任务二： 量周长，理解周长本质 探索测量周长的不同方式方法		在测量与合作交流的过程中，进一步理解周长内涵，体验用边线叠加、“化曲为直”等方法测量周长，能根据需要选择合适的方法测量图形的周长
认识周长（二）	任务一： 数周长，深化对周长的理解	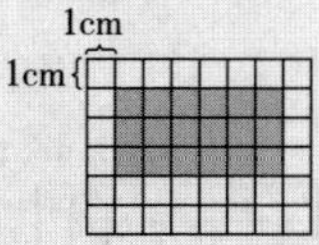 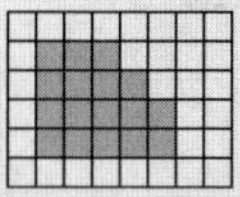 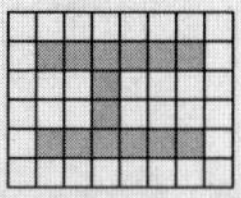	通过数图形一周的边线包含多少个小方格的边长，“量”出图形的周长是多少厘米；借助度量单位有限叠加，深刻理解周长的内涵
	任务二： 画图形，适当拓展完善结构 在方格纸上设计图形，并数出它的周长	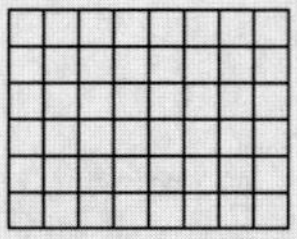	基于学生画出的不同图形，让理解不到位的学生反思错误，让做对的学生学会表达、厘清思路，在学生的辨析交流中不断突破“形”的干扰，进一步明确周长是以“单位长度”的累计来刻画的
特殊图形的周长	任务一： 唤醒对周长概念的认识，感悟特征 想：有什么共同点？怎么求周长？	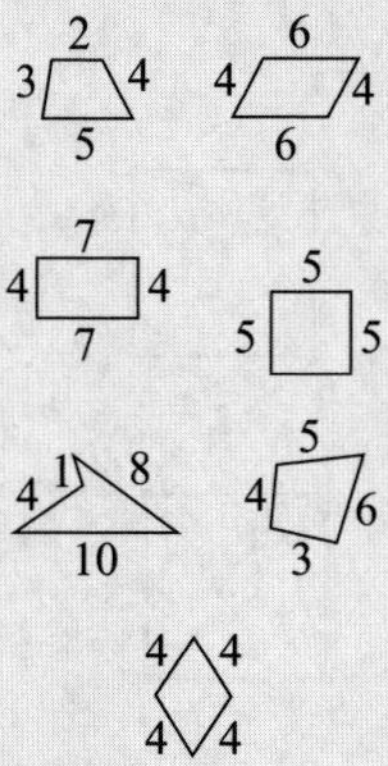	在思辨中唤醒对周长的认知，在讨论中找到四边形的共通属性
	任务二： 合作探究，挖掘特殊 算：四边形的周长 想：不同的计算方法		在合作学习的过程中，尝试用不同方法计算周长；在深入讨论中，关注到边的特征，并对周长计算方法进行优化

续表

内容	核心任务	任务材料	任务目标
特殊图形的周长	任务三： 制造冲突，发展空间观念 画：周长是12厘米的长方形 想：据一条边，想周长 拓：加一条线，猜周长	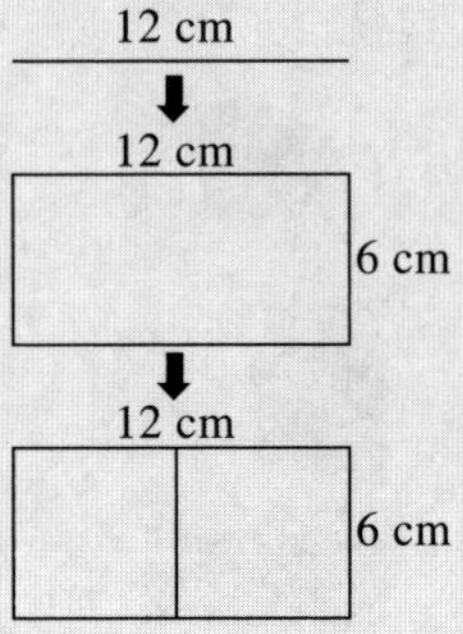	进行空间想象，以边为切入点，感知周长变化与边的累加相关的本质，建构特殊图形周长计算体系
长方形、正方形的特征	任务一： 在方格纸上画长方形、正方形 讨论：图形并不同，为什么都是长方形、正方形?	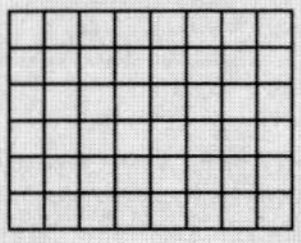	在对比、关联中挖掘图形的特征，逐步引向边、角两个维度，深度刻画长方形、正方形的特征
	任务二： 画不是长方形、正方形的四边形 讨论：为什么它们不是长方形、正方形?		借助画四边形的活动，建构概念，促进深度理解和迁移，再次完善对长方形、正方形的认识
辨周长	任务一： 初次体验，在比较中建立 计算周长，发现正方形越大，周长越长	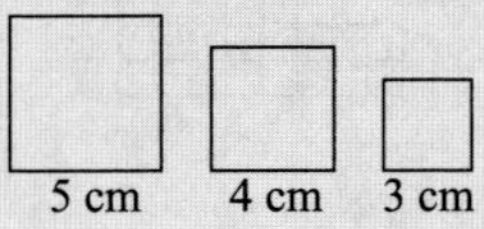	通过计算、比较大小不同的正方形的周长，诊断学生对“图形越大，周长越长”的认知情况
	任务二： 再次体验，在辨析中破立 操作：连接 A、B 两点，将正方形分成两个部分 分类：比较两部分的周长，进行归类 辩论：说理辨周长	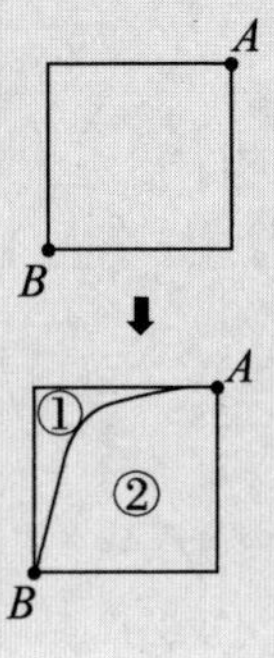	经历“归类→辩论→改选”的辨周长过程，打破“图形越大，周长越长”的观念，引导学生将图形的周长指向“边”的要素

续表

内容	核心任务	任务材料	任务目标
辨周长	任务三： 变式练习，在思考中深化 基础：比较长方形中两部分的周长 变式：比较等边三角形中两部分的周长 提升：将三角形分成周长相等的两部分	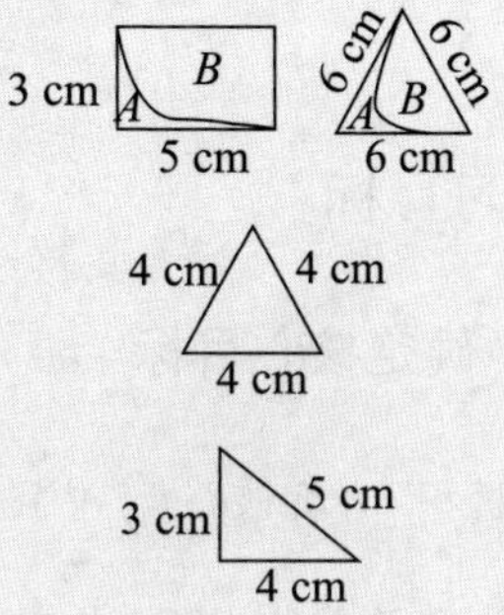	通过有联系的素材，在比、连、分的学习活动中，进一步强化对周长本质的认识，并在变式和提升的过程中，发展学生解决问题的能力，促进策略的多样性

在本单元的教学中，第一阶段的三节课聚焦图形边线，采用“做中学”的方式，在精选直观原型的基础上配合描、量、画等操作活动，激活学生的经验，帮助学生建立清晰的概念表象，让学生明白求图形的周长就是将“一周的长度”扩展为“线段和”，凸显周长的本质，使学生充分感受周长是边的不断叠加；第二阶段的两节课聚焦图形的特征，通过图形的变化，进一步丰富学生的空间认知，深化学生对周长的可度量本质的理解，凸显“周”与“长”，打通“形”与“数”，内化学生对周长概念的认识。

二、“面积”单元：如何真正理解度量的意义

《课标 2022 年版》在“课程实施”部分指出，每一个特定的学习内容都具有培养相关核心素养的作用，教学要注重建立具体内容与核心素养主要表现的关联。图形测量的重点是确定图形的大小（史宁中 等，2022）[166]，二维图形的大小是对图形面积的度量。《课标 2022 年版》中关于“面积”单元内容的学业要求为：认识常见的平面图形，经历平面图形的面积的测量过程，探索长方形面积的计算方法，形成量感。可见，学生在对“面积”单元内容的学习过程中，重点落实的核心素养是“量感”。然而，在常见的教学中，教师更多关注的是学生能否记住面积计算公式并正确计算出面积，较少关注学生是否真正理解面积的含义，更缺乏通过“面积”单元具体知

识的学习落实核心素养“量感”的有效路径。下面我们通过基于学习路径分析的“面积”单元整体设计，来谈如何关联知识内容与核心素养内涵，落实核心素养。

（一）明确素养导向的学习目标

1. 明晰核心素养内涵，确定核心目标

表 2-17 “面积”单元核心素养内涵及关联内容

量感	知道度量的意义，能够理解统一度量单位的必要性；会针对真实情境选择合适的度量单位进行度量，会在同一度量方法下进行不同单位的换算
学段目标	经历平面图形的面积的测量过程，探索面积的计算方法，形成量感
内容要求	认识面积单位平方厘米、平方分米、平方米；能进行简单的单位换算；能恰当地选择单位估测一些物体面积，会进行测量；结合实例认识面积；探索并掌握长方形、正方形的面积计算公式；在图形的测量过程中，增强量感
学业要求	能在真实情境中选择合适的长度单位；能通过具体实例描述面积单位平方厘米、平方分米、平方米，能进行面积单位之间的换算；会计算长方形、正方形的面积；在解决图形面积的实际问题过程中，逐步积累操作的经验，形成量感
教学提示	让学生在熟悉的情境中，直观感知面积的概念，经历选择面积单位进行测量的过程，理解面积的意义，形成量感；采用类比的方法，感知图形面积的可加性，推导出长方形和正方形的面积计算公式
学业质量	会测量、计算长方形与正方形的面积，形成量感；结合现实生活，能尝试运用所学的知识和方法描述、表达、分析、解决实际问题，形成量感

分析表 2-17 和“面积”单元内容可知，本单元的学习目标基本为以下五个：（1）理解面积的含义；（2）认识面积单位；（3）探索并掌握长方形、正方形面积计算公式；（4）会进行不同面积单位的换算；（5）综合运用面积相关知识解决问题。其中，前四个为本单元的核心目标。

2. 分析核心目标，提炼具体表现

结合以上单元核心目标，我们可以根据“量感”的内涵，进一步分析

核心目标的内涵，形成具体的表现性目标，如表 2-18 所示。教师可以根据表现性目标来设计和调控教学。

表 2-18 “面积”单元核心素养导向下核心目标的表现性目标

核心素养内涵	核心目标	表现性目标
1. 知道度量的意义 2. 能够理解统一度量单位的必要性 3. 会针对真实情境选择合适的度量单位进行度量，会在同一度量方法下进行不同单位的换算	理解面积的含义	1. 能结合具体情境，正确找到面和有面积的范围，知道只要是封闭图形就有面积
		2. 能通过观察、重叠和剪拼等方法直接比较两个图形面积的大小
		3. 在难以直接比较图形面积大小的情况下，能想到用较小的面（单位面积）去度量面积的大小；通过数出单位面积的个数得到其面积
	认识面积单位	1. 在具体情境中，能够感受到统一面积单位的必要性
		2. 认识常用的面积单位，把面积单位与长度单位建立联系，能够举例说明 1 平方厘米、1 平方分米、1 平方米有多大
		3. 能够结合具体情境，选择合适的单位估计物体的面积
	探索并掌握长方形、正方形面积计算公式	1. 结合面积的含义，用小正方形铺满长方形，数出个数得到长方形的面积
		2. 知道只用小正方形沿着长和宽铺，沿着长铺的个数和沿着宽铺的个数相乘，就可以得到小正方形的个数，进而得到面积
		3. 只知道长方形的长度，不用铺，能够想象出沿着长和宽铺小正方形的数量后，用长乘宽计算出小正方形的个数，在此基础上归纳出长方形面积计算公式
		4. 类推出正方形的面积计算公式
	会进行不同面积单位的换算	经历探索面积单位进率的过程，能用学具或图示等方式解释相邻面积单位之间的进率，会正确进行不同面积单位的换算

（二）确定学习起点

为了了解学生对于核心目标即面积概念的理解情况，我们结合学生理解面积概念的表现，设计了相应的试题，对三年级一个班的 42 名学生进行了前测。前测题有三题：第一题是让学生在具体情境中准确找出哪些图形是有面积的，并画出它们的面积范围，了解学生能否准确找到有面积的部分；第二题是让学生比较两个长方形的大小，了解学生是否能用直接比较的方法比较出图形的大小；第三题是让学生比较两个不规则图形的大小，了解学生是否能用间接比较的方法描述图形的大小。

学生的前测情况如表 2–19 所示。

表 2–19　面积概念理解前测结果

水平层次	具体描述	案例	赋分	人数及百分比
水平 0	不能正确找到面和有面积的范围	1. 下面的图形有面积吗？如果有，请画出来 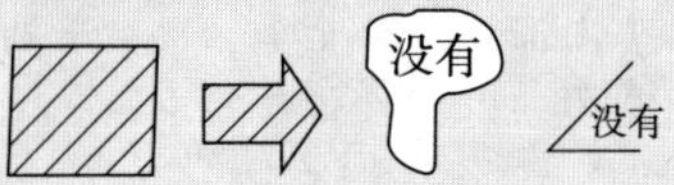	0	22 人 52.4%
水平 1	能正确找到面和有面积的范围	1. 下面的图形有面积吗？如果有，请画出来 	1	13 人 31.0%
水平 2	能找到面和有面积的范围，并能通过观察、重叠和剪拼的方法比较两个图形面积的大小	2. 下面两个长方形，哪个面积大？你打算如何比较？ 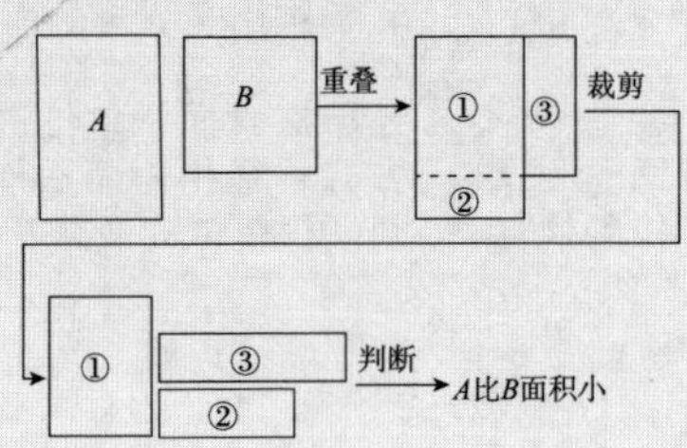	2	6 人 14.3%

续表

水平层次	具体描述	案例	赋分	人数及百分比
水平 3	能想到用较小的面（单位面积）去衡量面积的大小，通过数出单位面积的个数得到其面积	3. 下面两个图形的面积，哪个大？请说说你比较的方法 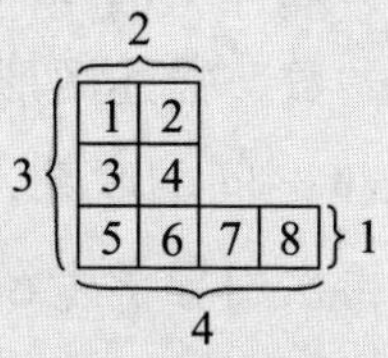 1号小 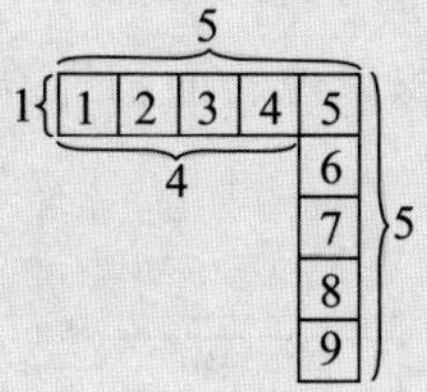 2号大	3	1 人 2.4%

前测结果显示，有 31.0% 的学生能找到面和有面积的区域，达到了水平 1；有 14.3% 的学生能通过观察、重叠、剪拼的方法比较出两个图形的面积，达到了水平 2；但只有 1 人能想到用单位面积去测量进而描述面积大小。

由此我们可以发现，多数学生达到或超过了能找到面和有面积的区域的水平，但仍有部分学生认为不规则图形或曲线围成的图形是没有面积的，在教学时教师需要借助具体的实例帮助其充分体会，只要是封闭的图形或物体的表面都有面积。学生在观察、重叠、剪拼的比较中，对面积的“大小”是有一定认识的，但容易混淆周长和面积二者的关系，认为周长越长，面积就越大。同时，学生缺乏测量的经验，难以想到用单位面积（小正方形）去度量面积，从而用“数”来表达面积大小。

（三）分析学习路径

根据学生学习起点分析，学生需要先准确理解面积的属性，充分经历比较面积大小的过程，进而学会描述面积的大小。学生只有深刻理解面积含义，才能更好地去认识面积单位并掌握面积计算的公式。

据此，结合量感内涵、常用感官量学习和理解的五个阶段（刘加霞等，2012）等内容，我们可以确定单元学习路径（见图 2–5）：首先引导学生在图形比较的活动中，经历选择不同方式比较图形大小的过程，由直接比较上升到间接比较，会用“数”描述图形面积的大小；其次引导学生借助面积的含义以及面积与长度之间的联系，建立常用面积单位的表象，会进行常用面积单位的转化；再次引导学生经历用小正方形测量长方形和正方形面积大小的过程，通过测量方法的优化，归纳出面积计算公式，理解长乘宽表示铺满长方形所需的面积单位的个数就是它的面积；最后引导学生综合运用面积含义、面积单位、面积计算公式灵活解决现实生活中的问题，发展量感。

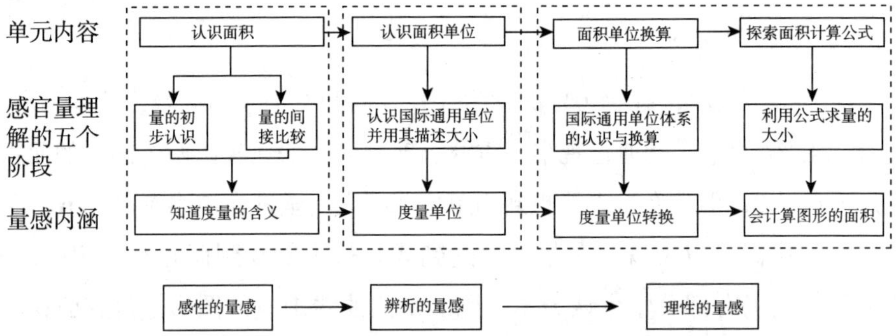

图 2–5 “面积”单元学习路径

（四）单元整体教学思考

根据量感的内涵、核心目标具体化的内容以及学生的单元学习路径分析，我们可以进行单元核心任务的设计（见表 2–20）。

表 2-20 “面积”单元核心目标及任务设计

核心目标 1：理解面积的含义	核心任务一：观察这两本书的封面，说说哪一个面比较大、哪里大 
	核心任务二：下面这些图形有面积吗？如果有面积，请用斜纹（“”）画出来  ① ② ③ ④
	核心任务三：你能给这些图形的大小排序吗？  ① ② ③ ④
	核心任务四：下面两个图形，哪个大？你准备怎么比？（图形不能切开，也不能折叠） 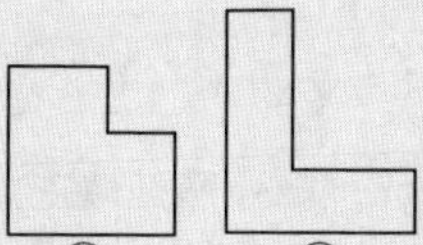 ① ②
	核心任务五：你能用小正方形测量出这张长方形纸的大小吗？ 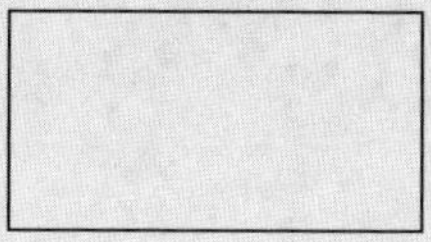
核心目标 2：认识面积单位	核心任务一：你能画图说明 1 平方厘米、1 平方分米有多大吗？
	核心任务二：你能分别举例说明 1 平方厘米、1 平方分米、1 平方米究竟有多大吗？
	核心任务三：先估计下面长方形的面积大约是多少，再用合适的面积单位量一量 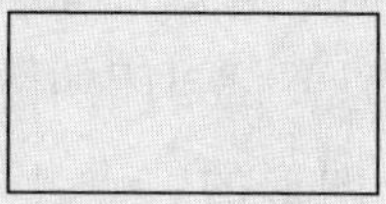

<table>
<tr><td rowspan="3">核心目标 3：
探索并掌握长方形、正方形面积公式</td><td>核心任务一：下面这个长方形的面积是多少？
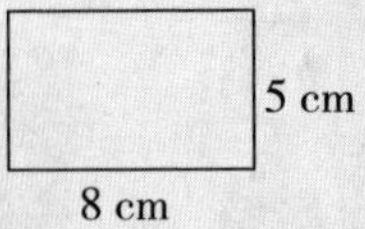</td></tr>
<tr><td>核心任务二：不用小正方形摆，你知道核心任务一中长方形的面积是多少吗？</td></tr>
<tr><td>核心任务三：怎样计算下面这个正方形的面积？
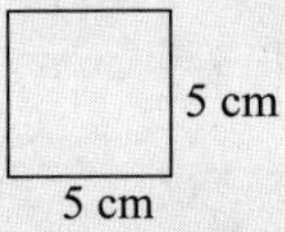</td></tr>
<tr><td rowspan="3">核心目标 4：
会进行不同面积单位的换算</td><td>核心任务一：下面这个大正方形的面积是多少？
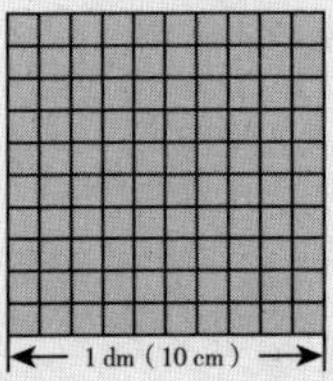</td></tr>
<tr><td>核心任务二：1 平方米和 1 平方分米有什么关系？</td></tr>
<tr><td>核心任务三：下面的交通标志牌外形近似正方形，标志牌的面积大约是多少平方厘米？合多少平方分米？
</td></tr>
</table>

现我们以“理解面积的含义”和“探索并掌握长方形、正方形面积计算公式”两个核心目标为例，谈核心任务的具体设计目的。

“理解面积的含义”的四个核心任务：任务一让学生结合生活经验，直观判断两本书的大小，引出书封面的大小就是面积。任务二通过学生的表现来诊断学生在感悟面积属性方面所处的水平，然后在不同层次作品的辨析中，帮助学生理解只要是封闭的图形就是有面积的。任务三引导学生在排序的过程中，结合图形的特点，选择合适的方法去比较面积大小，比如③号圆形是最小的，学生通过观察就可以判断出来；剩下的三个图形中，学生进一步通过重叠可以发现②号正方形是最小的；在比较①号长方形（规格 7×9）和④号正方形（规格 8×8）时，因为通过一次重叠难以比较出来，有些学生会想到用尺子量出边长比周长，还有些学生会想到重叠一次后把多余的部分剪下来再比，学生在操作、交流中会发现周长相等的两个图形面积不一定相等，需要通过剪拼来比较两个图形的面积。对于任务四，学生在理解要求后，尝试用直接比较的方法已经难以比较出大小，需要从“直接比较”过渡到“间接比较”。当学生经历了有层次的直接比较面积大小的活动，积累了丰富的图形面积大小比较方法后，在新的任务驱动和教师的引导下，他们就有可能实现比较方法的优化，产生描述面积大小的需求，“生发”出用小正方形来描述图形面积大小的想法，进而想到可以用更小的图形作为“标准”来测量，从而通过描述图形的面积来比较大小，理解面积的本质含义。“量感”培养的重点不在于已知测量单位后进行测量，而在于让学生能够识别出数量的属性，并“创造”或选择合适的度量单位来进行量化。

“探索并掌握长方形、正方形面积计算公式”的三个核心任务：

任务一中，学生结合已有的知识经验，知道需要用小正方形铺满长方形，这样就可以知道它的面积。在铺的过程中，有些学生会铺满再数，有些学生只沿着长与宽各摆一行再数。通过对比，学生会发现两种方法的相同点是都要知道这个长方形各包含了多少个小正方形；不同点是第二种方法用沿着长铺的小正方形数量乘沿着宽铺的小正方形数量，就可以知道包含了多少个小正方形。任务二引导学生进一步去思考，长是 8 厘米说明沿着长可以摆 8 个边长 1 厘米的小正方形，宽是 5 厘米说明沿着宽可以摆这样的 5 行，8 乘 5 得 40 可以知道这个长方形包含了 40 个边长 1 厘米的小正方形，面积即 40 平方厘米，让学生充分经历用铺满、只沿着长和宽铺、知道长和宽的长度三种思路分别得到长方形面积的过程，并在此基础上发现它们的共同之处都是得到长方形所包含的面积单位的数量。任务三让学生类比任务二的经验，自主概括出正方形面积计算公式。

从以上的任务中，我们不难发现长方形、正方形面积计算公式的推导过程，与学生在“理解面积的含义”中描述面的大小的方法是一致的。可见，学生只有真正理解了面积含义的本质，才能更好地理解长方形、正方形的面积计算公式，才能更好地将生活中的具体问题（如客厅需要多少块地砖的问题）转化为面积计算的问题。

回到全部四个核心目标，根据表 2-20 我们可以对“面积”单元进行课时安排。核心目标 1 的五个任务旨在帮助学生深刻理解面积的“度量意义”，其中任务一至任务三为一课时，主要是结合具体情境，让学生在找面积和比较面积大小过程中，认识面积的属性并能直接比较面积的大小；任务四和任务五为一课时，主要是在比较面积大小的过程中，让学生从直接比较过渡到间接比较，进而学会描述面积的大小，理解面积度量的意义（孙思雨 等，2021）。核心目标 2 的三个任务为一课时，帮助学生体会统一面积单位的必要性，引导学生选择合适的面积单位进行度量。核心目标 3 的三个任务为一课时，帮助学生推导出长方形和正方形的面积计算公式。核心目标 4 的三个任务为一课时，帮助学生结合具体情境进行不同面积单位的换算。“面积”单元的课时虽然根据核心目标下的任务进行了灵活安排，但总课时与教材的要求保持一致（见表 2-21）。

表 2-21　“面积”单元教材安排和优化后教学内容对比

教材安排			优化后教学内容		
主题	教学内容	课时	主题	教学内容	课时
面积的含义	例 1、例 2	1 课时	面积的含义	认识面、直接比较面的大小；	1 课时
				描述面的大小	1 课时
常用的面积单位	例 3	1 课时	常用的面积单位	认识面积单位	1 课时
长方形、正方形的面积计算	例 4、例 5	1 课时	面积计算	长方形、正方形面积计算	1 课时
面积单位之间的进率	例 6、例 7	2 课时	单位换算	单位之间的进率及换算	1 课时

续表

教材安排			优化后教学内容		
主题	教学内容	课时	主题	教学内容	课时
解决问题	例 8	1 课时	解决问题	解决问题	1 课时
综合练习	练习十四	2 课时	综合练习	练习十四	2 课时
合计		8 课时	合计		8 课时

在“面积”单元的学习过程中，教师只有帮助学生厘清具体知识和“量感”内涵的关联，引导学生从度量的角度加深对于面积含义的理解，让学生对于“量感”的感悟更好地由感性上升为理性，才能真正实现核心素养的落地。

三、“角的度量”单元：如何按认知阶段建构度量教学

《课标 2022 年版》指出，“量感”的内涵包括“对事物的可测量属性及大小关系的直观感知”，“知道度量的意义，能够理解统一度量单位的必要性”。这说明角的度量，首先需要让学生直观感知到角有大小，知道角具备可测量属性；其次才需要让学生进行角的大小比较，并在描述角的大小过程中产生统一单位的需求。但在实际学习中，学生往往还不知道“角的大小”，就已经开始学习运用量角器量角、画角的技能了。在“角的度量”单元中，设计怎样的学习任务才能帮助学生理解角有大小，从而在度量的过程中理解度量的本质呢？下面我们从度量教学的认知顺序出发，根据学习路径分析，对这一单元进行整体教学的思考。

（一）明确素养导向的学习目标

1. 明晰核心素养内涵，确定核心目标

表 2-22 “角的度量”单元核心素养内涵及关联内容

量感	知道度量的意义，能够理解统一度量单位的必要性
学段目标	认识常见的平面图形，形成量感、空间观念和初步的几何直观
内容要求	结合实例认识线段、射线和直线；结合生活情境认识角，知道角的大小关系；会用量角器量角，会用量角器或三角板画角
学业要求	能说出线段、射线和直线的共性与区别；会比较角的大小；能说出直角、锐角、钝角的特征，能辨认平角和周角；会用量角器测量角的大小，能用直尺和量角器画出指定度数的角；会用三角板画 30°、45°、60°、90° 的角
教学提示	可以利用纸扇、滑梯等学生熟悉的事物或场景让学生直观感知角，利用抽象图形引导学生知道角的大小与边的长短无关，并比较角的大小；利用学具让学生观察角的大小变化，认识直角、锐角、钝角、平角和周角
学业质量	形成量感

根据表 2-22 和“角的度量”内容可知，本单元的学习目标为以下三个：（1）在角的大小比较中理解角的内涵；（2）在描述角的大小中产生度量单位；（3）会用量角工具量角和画角。其中，前两个是本单元的核心目标。

2. 分析核心目标，提炼具体表现

生活中有六种常用的感官量：长度、质量、容积、角度、面积、体积。学生对于它们的学习以及理解，通常会经历以下五个阶段：阶段 1，量的初步认识；阶段 2，量的间接比较；阶段 3，认识国际通用单位并用其描述大小；阶段 4，国际通用单位体系的认识与换算；阶段 5，利用公式求量的大小（刘加霞 等，2012）。根据上述五个阶段，我们进一步对核心目标做具体分析，形成“角的度量”单元核心素养导向下核心目标的表现性目标（见表 2-23）。教师可以根据表现性目标指导每一步教学行为。

表 2-23 “角的度量”单元核心素养导向下核心目标的表现性目标

核心素养内涵	核心目标	表现性目标
知道度量的意义，能够理解统一度量单位的必要性	在角的大小比较中理解角的内涵	1. 能直观感知角有大小
		2. 能直接比较角的大小，比如借助移动重合（让顶点对顶点，边对边，看另一边）比较角的大小
		3. 能选择一个合适的小角作为度量工具间接比较角的大小
	在描述角的大小中产生度量单位	1. 能用非标准的小角描述角的大小
		2. 能用标准 1° 角描述角的大小

（二）确定学习起点

为了解学生的学习起点，我们从角的概念、角的大小两个维度来评估学生对角的内涵的理解水平，对四年级某班 42 名学生进行了前测，并借鉴范希尔几何水平理论，从“视觉水平”与“分析水平”来确定学生的已有认知水平（见表 2-24）。

表 2-24 “角的度量”单元表现性评价框架

维度	测试题目	评估证据	水平层次
角的概念	1. 下面这些图形是角吗？是角的请打“√”，并写出理由 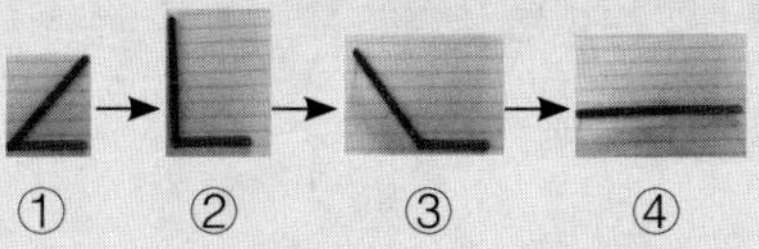	通过视觉观察物体，由外形轮廓辨识形体；用非标准数学语言描述形状	视觉水平
		了解图形的构成要素，利用构成要素分析几何图形	分析水平
角的大小	2. 平平和聪聪描同一个三角板中的最小角，平平描出的角是①，聪聪描出的角是②，那么①和②的大小关系是（　　） 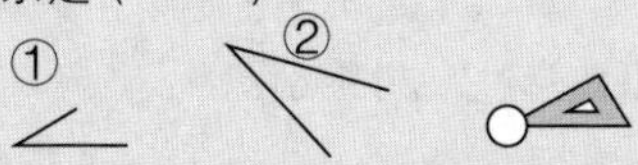 A. ①大于② B. ①等于② C. ①小于② D. 无法比较	用非标准的方法比较，如依据边的长短，凭视觉判断	视觉水平
		用工具比较或直接比较	介于两水平之间
		借助其他角进行比较	分析水平

1. 角的概念理解情况

在测试题 1 的访谈中我们发现，有 79% 的学生属于视觉水平，他们用图形的整体轮廓（如“角是尖的、斜的”或“锐角、直角、钝角的样子”）作为依据判断角；有 12% 的学生介于视觉水平和分析水平之间，此类学生虽然用角的构成要素——一个顶点和两条边判断①～③号图形，但还会受到视觉影响而无法判断④号图形；仅 9% 的学生达到分析水平，能用角的构成要素——一个顶点和两条边来进行判断。因此，要达到用角的概念来判断角的目标，教师首先要让学生理解角的内涵。

2. 角的大小理解情况

如表 2-25 所示，测试题 2 的结果显示，有 32.6% 的学生处于视觉水平，能剥离边的长短和朝向等无关因素的学生占全班的 67.4%。通过访谈发现，这 67.4% 的学生中，有 15.2% 的学生是用量角器进行测量的，有 8.7% 的学生是通过眼睛看出来的，这些学生用工具比较或直接比较出结果；有 26.1% 的学生用三角尺中的最小角作为单位来间接比较出结果，有 17.4% 的学生能直接根据题目中描同一个角的操作来判断，这些学生能真正突破所画边的长短和方向带来的干扰。由此可知，全班只有 43.5% 的学生具有间接比较的经验，56.5% 的学生需要补充关于角的大小比较的经验。

表 2-25　角的大小理解前测结果

水平层次	学生情况	百分比
视觉水平（直接比较）	看起来②的边要长一些	32.6%
	两个大小看着就不一样	
介于两水平之间（用工具比较或直接比较）	拿量角器量过（15.2%）	23.9%
	用眼睛看出来的（8.7%）	
分析水平（借助其他角间接比较）	用三角尺上的小角量过（26.1%）	43.5%
	用题目中的小角描的，当然一样大（17.4%）	

通过对学生角的内涵理解水平的前测，我们从“角的概念”测查中发现约 79% 的学生不会用构成要素分析角，从“角的大小”测查中发现约 57% 的学生缺乏间接比较的经验。因此，本单元教学需要重视学生对角的内涵的学习，增加比较角的大小的练习。

（三）分析学习路径

基于以上分析，我们对“角的度量”单元的学习路径做了相应的调整与优化。

首先，理解线段、射线与直线，借助画图体会“端点”“无限长”的表达的合理性。

其次，学习增加对角的进一步认识的内容。原因有以下三点：（1）根据学情测查，约 57% 的学生缺乏间接比较经验。以人教版教材为例，在例 2“从一点引出两条射线所组成的图形叫作角”的静态定义中，学生并没有积累例 3“角的度量”中所需要的间接比较经验。（2）学生需要通过“让顶点对顶点，边对边，看另一边”的直接比较方法感知等价角含义，理解角的内涵，消除边的长短带来的困惑。（3）仍以人教版教材为例，学习例 2 的静态角概念，也无法帮助学生理解例 3 中“将圆平均分成 360 份……其中 1 份……是 1 度，记作 1°”的规定是合理的。因此，“角”这一课要达成以下三个目标：（1）通过旋转活动角，让学生直观感知角的大小；（2）通过对角的直接比较，引导学生建立角的大小比较方法和使用等价角的概念，体会角的构成要素是射线的合理性；（3）通过间接比较角的大小，丰富学生的活动经验和概念理解。

再次，经历角的度量单位的形成过程。（1）在无法直接比较时，学生需要选择合适的小角作为一种工具来度量角的大小，并用“数 + 小角”的形式描述角的大小。让学生经历完整的用非标准单位（小角）描述角的大小的过程，渗透度量意识。（2）学生基于对小角量化结果的理解，通过角的累加或细分中描述不同角的大小探索并建立角的度量单位 1°。（3）学生用 1° 角形成的简易量角器量角的大小，体会度量的本质。

最后，通过量角器量角和画角。

（四）单元整体教学思考

综上所述，我们增加了“角的再认识”和“认识角的度量单位”两课内容，以使教学更符合度量的认知顺序和学生的认知情况。单元教学具体安排如表 2-26 所示。

表 2-26　“角的度量”优化后的单元整体安排

课时内容	设计思考
线段、射线、直线	在概念表达中，理解概念的合理性
角的再认识	通过动态角感知角有大小，初步认识平角和周角；在直接比较和间接比较中认识角的大小和比较的方法
认识角的度量单位	在间接比较和角的大小描述中探索角的度量单位的产生过程；会运用 1° 对角进行度量。
量角（角的分类）	会用量角器等工具量角；从量化的角度认识平角、周角，了解周角、平角、钝角、直角、锐角的大小关系
画角	会用量角器等工具画角

从单元整体的视角出发，“角的度量”单元有两节核心课——“角的再认识”和“认识角的度量单位”。这两节核心课的学习目标和核心任务设计如表 2-27 所示。

表 2-27　“角的度量”单元核心课时学习目标和核心任务

内容	学习目标	核心任务
角的再认识	1. 结合活动角明确角的大小比较方法，知道等价角 2. 直观认识平角、周角 3. 根据描角情境，体会角的大小	任务一：使用活动角摆角 （1）想一想：大家摆的角都不相同，为什么都是角？ （2）比一比：哪个角大？ （3）说一说：怎么变大？怎么变小？怎么一样大？ （4）转一转：在转动过程中，什么时候觉得不是角？ 任务二：平平和聪聪描同一个三角板中的最小角，平平描出的角是①，聪聪描出的角是②，那么①和②的大小关系是（　　）

内容	学习目标	核心任务
角的再认识	1. 结合活动角明确角的大小比较方法，知道等价角 2. 直观认识平角、周角 3. 根据描角情境，体会角的大小	 A. ①大于② B. ①等于② C. ①小于② D. 无法比较 （1）写一写：写出思考的理由 （2）辩一辩：看谁说得有道理
认识角的度量单位	1. 用非标准小角间接比较角的大小 2. 体会 1° 的角是均分得到的小角 3. 能用标准单位 1° 的角量角	任务一：用非标准小角比较角的大小 （1）比较∠ 1 和∠ 2 的大小，你有办法吗？  （2）你会选择下面哪个角来帮助你比较∠ 1 和∠ 2 这两个角的大小？ 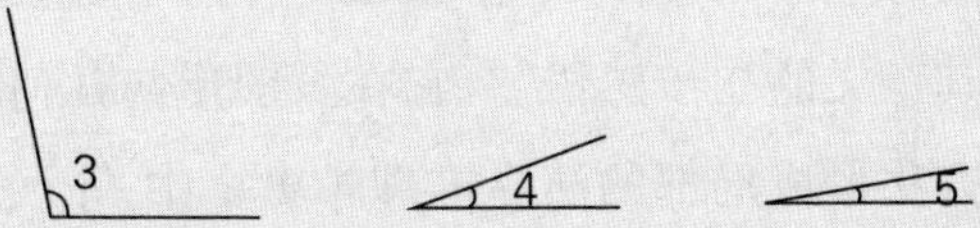 任务二：认识 1° 素材：已知∠ 4 是 20° ，∠ 5 是 10°  （1）质疑：你有什么问题？ （2）探索：2 人一组，选择∠ 4 或∠ 5，在它上面标出 1° （3）学习：观看 1° 产生的视频，认识 1° 角 （4）应用：用 1° 怎么量下面这个角呢？ 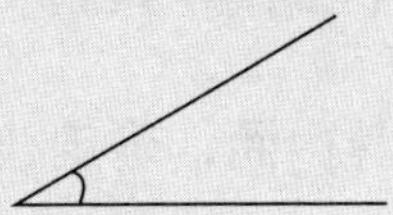 （5）实践：认识 1° 角形成的量角工具，用 1° 角的测量工具测量∠ 1 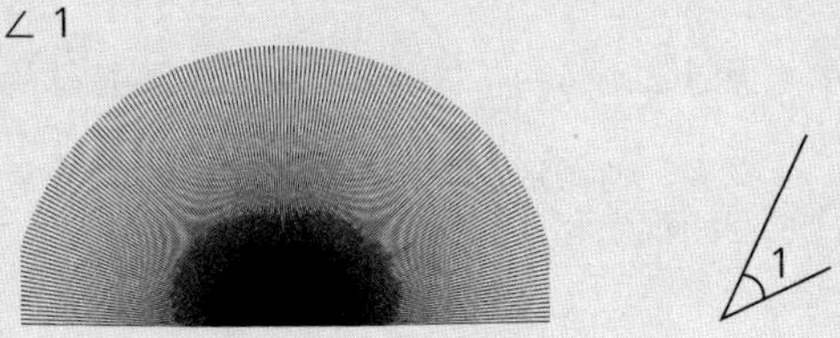

四、“多边形的面积”单元：如何真正形成转化思想

“多边形的面积”是小学阶段“图形与几何”领域的重要内容之一，包括平行四边形的面积、三角形的面积、梯形的面积、组合图形的面积、不规则图形的面积以及解决问题等学习内容。一般而言，“多边形的面积”单元是学生掌握了长方形和正方形的面积计算、多边形的认识、图形的平移与旋转之后学习的内容，也为后续学习立体图形侧面积、表面积和体积的计算以及圆的面积计算等内容奠定基础。求多边形的面积的本质是把未知图形的面积通过割补、倍拼、分割等方法转化为已知图形的面积。实际教学中，教师不仅要注重学生对多边形的面积计算公式的推导过程，还要引导学生探究所研究的图形与转化后的图形之间的联系。

此外，在“多边形的面积”的教学中，教师还需要落实“推理意识”这一核心素养。根据《课标 2022 年版》推理意识主要是指“对逻辑推理过程及其意义的初步感悟”。它在“图形与几何”领域的具体表现是能够用化归的方法形成局部的演绎推理（史宁中 等，2022）[62]。这里的化归是指，将所研究的图形转化为已经会计算面积的图形来求面积。然而，转化思想的形成并不是一蹴而就的，要真正学会转化，学生需要经历不同的层次。在“多边形的面积”的教学中，教师可以从意识、方法与策略等角度逐渐渗透转化思想。

（一）明确素养导向的学习目标

1. 明晰核心素养内涵，确定核心目标

表 2-28　“多边形的面积”单元核心素养内涵及关联内容

推理意识	通过法则运用，体验数学从一般到特殊的论证过程
学段目标	探索几何图形面积的计算方法，会计算常见平面图形的面积，形成量感、空间观念和几何直观

续表

内容要求	探索并掌握平行四边形、三角形和梯形的面积计算公式；会估计不规则图形的面积；在图形认识与测量的过程中，进一步形成量感、空间观念和几何直观
学业要求	会计算平行四边形、三角形和梯形的面积，能用相应公式解决实际问题
教学提示	引导学生运用转化的思想，推导平行四边形、三角形和梯形等平面图形的面积公式，形成空间观念和推理意识
学业质量	能计算平面图形的面积，形成初步的推理意识

分析表 2–28 和“多边形的面积”的单元内容可知，本单元的核心学习目标基本为以下三个：（1）形成转化意识；（2）掌握转化方法；（3）选择转化策略。

2. 分析核心目标，提炼具体表现

确定核心目标后，我们需要将核心目标具体化，提炼具体表现，并形成水平层次，这样它才能真正在每一节课中指导教学行为。在制定具体表现目标时，我们根据对转化思想理解的不同层次以及面积计算过程，进一步对以上三个核心目标做具体化分析，形成本单元核心素养导向下核心目标的表现性目标（见表 2–29）。教师可以根据表现性目标来设计和调控教学。

表 2–29 “多边形的面积”单元核心素养导向下核心目标的表现性目标

核心素养内涵	核心目标	表现性目标
通过法则运用，体验数学从一般到特殊的论证过程	形成转化意识	1. 以图形内在联系为线索，思考学过面积的目标图形有哪些
		2. 探究怎样把现有图形转变成学过的目标图形
		3. 验证现有图形是否真的变成了学过的目标图形，它们哪里变了，哪里没有变
	掌握转化方法	1. 关注图形之间的转化方法，如割补、倍拼、分割
		2. 掌握转化方法的作用及适用范围
	选择转化策略	1. 用较多的方法计算出梯形和组合图形的面积
		2. 对比计算面积的不同方法，思考转化过程中各种方法的相同点和不同点，积累图形面积计算的活动经验

（二）确定学习起点

本单元的核心目标是渗透转化思想，具体需要从转化意识、转化方法与转化策略三个方面进行。因此，学生已经具备怎样的转化水平是本单元教学的重要依据。为了解学生的转化水平，我们从学生是否具有转化意识和使用哪些转化方法两方面，对五年级两个教学班的56名学生进行了前测；而转化策略作为通过本单元学习需要达成的最高层次的转化水平，在前测中没有涉及。

1. 前测题设计

为了解学生的真实学习情况，我们设计了3道前测题：第1题指向学生能否有意识地把平行四边形转化为已经学过的图形，第2题指向学生能否检验转化前后图形的面积是否保持不变，第3题指向学生在探索三角形面积时是否有不同的转化方法。具体前测题如下。

（1）这个图形的面积是多少？（每个方格的边长是1厘米，见图2-6。）

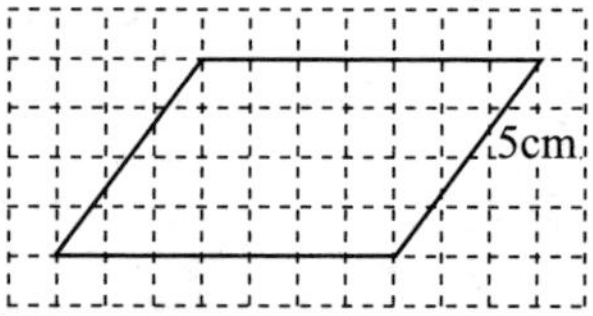

图2-6　试题1

（2）这个图形的面积是多少？（每个方格的边长是1厘米，见图2-7。）

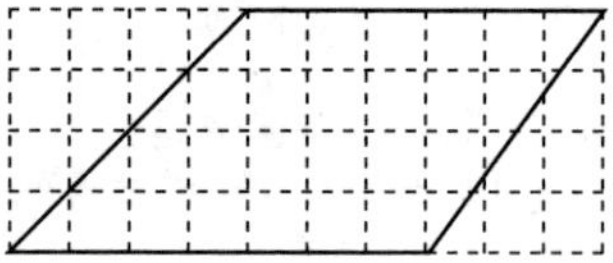

图2-7　试题2

小明是这样做的：7×4=28（cm^2）。

①你觉得小明是怎么想的？

②你同意小明的做法吗？为什么？

（3）这个图形的面积是多少？用尽可能多的方法计算图形的面积。（每个方格的边长是 1 厘米，见图 2-8。）

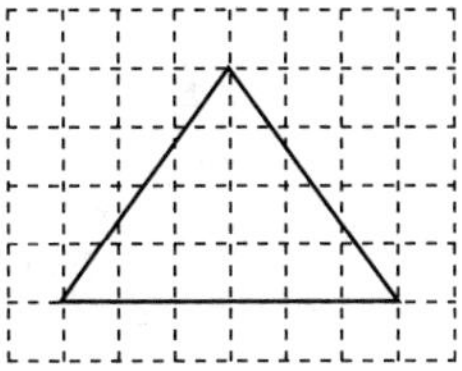

图 2-8 试题 3

2. 前测结果分析

从转化意识和转化方法两个层次对前测结果进行分析，其中转化意识又分为“能将现有图形转化为目标图形”以及“能有意识地对现有图形和目标图形进行比较”两个不同的水平，因此我们可将前测结果划分为四个水平层次：水平 0，不会转化；水平 1，能把现有图形变成目标图形，即能就第 1 题给出合理解答；水平 2，能对现有图形和目标图形进行比较，检验面积是否不变，即能就第 2 题给出合理解答；水平 3，能用多样化的方法解决多边形面积问题，即能用 2 种及以上的方法解答第 3 题。具体的表现水平如表 2-30 所示。

表 2-30 学生转化水平前测结果

水平	具体描述	学生表现	人数
水平 0	不会转化	不能解答这 3 道题目，也不能转化平行四边形	5 人
水平 1	能把现有图形变成目标图形	1. 这个图形的面积是多少？（每个方格的边长是 1 厘米） 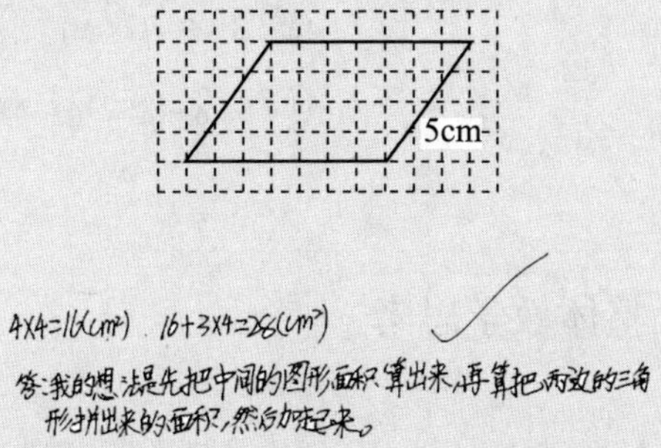 	18 人

续表

水平	具体描述	学生表现	人数
水平 2	能比较现有图形和目标图形	2. 这个图形的面积是多少?（每个方格的边长是 1 厘米） 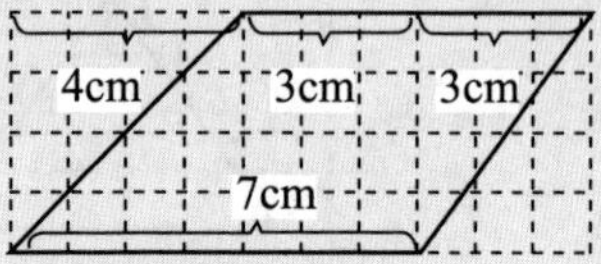 小明是这样做的：$7\times4=28$（cm^2） （1）你觉得小明是怎么想的? 小明可能这样想的。 四边形最底下的横线是7厘米，代表这个图形的长， 四边形竖着的斜线刚好是4行，一行是1厘米， 高就是$4\times1=4$厘米，这个图形的面积就是$7\times4=28$(cm^2)了。 （2）你同意小明的做法吗？为什么? 我不同意小明的做法。 因为我们把图形分一下，左边的三角形是一个边长为4厘米的正方形的一半，面积就是$4\times4\div2=8$(cm^2)，右边的三角形面积为$3\times4\div2=6$(cm^2) 中间的长方形面积是$3\times4=12$(cm^2)，相加是$8+6+12=26$(cm^2)。 所以我不同意。	15 人
水平 3	有不同的转化方法	3. 这个图形的面积是多少？用尽可能多的方法计算图形的面积。（每个方格的边长是 1 厘米） 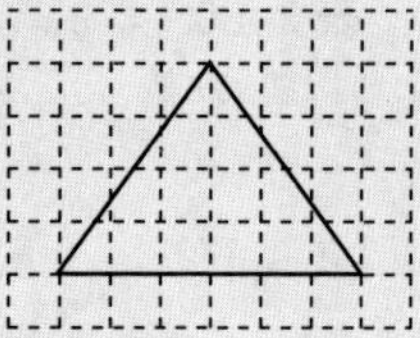 ①：$6+3\times2=12$(cm^2) ②：$3\times4=12$(cm^2) ③：$6\times8-(8\times2+4\times2+3\times2+3\times2)=12$($cm^2$)	18 人

（三）单元整体教学思考

按照人教版教材的编排，“多边形的面积”单元的学习分为三个阶段：

第一阶段是学习平行四边形、三角形和梯形的面积，第二阶段是学习组合图形的面积，第三阶段是估测不规则图形的面积。教学时，教师不仅要让学生掌握不同多边形的面积计算公式，还要让他们形成转化思想。为此，教师要更加关注学生转化思想的形成过程，让他们通过学习不同图形的面积，经历以下三个层次：首先是培养转化意识，即学生要关联目标图形和现有图形，尝试把现有图形转化为目标图形，这是转化的开始；其次是学习转化方法，即学生要在把现有图形转化为目标图形的过程中总结出转化方法，丰富转化经验，这是转化思想的核心；最后是形成转化策略，即学生掌握了多种转化方法后，再遇到新图形的面积计算问题，要学会选择合适的转化策略，建立不同转化方法之间的联系，这是转化的优化。学生只有完整地经历了转化的三个层次，才能学会利用转化思想解决生活中更多复杂图形的面积计算问题。

基于以上的整体思考，我们对“多边形的面积”单元的教学进行了如下重构（见表 2-31），以凸显渗透转化思想的不同层次。

表 2-31　“多边形的面积”单元教材安排和优化后教学内容对比

教材安排		优化后教学内容	
课时	教学内容	课时	教学内容
1	平行四边形的面积	1	图形的转化
2	练习十九	2	平行四边形的面积
3	三角形的面积	3	三角形的面积
4	练习二十	4	梯形的面积
5	梯形的面积	5	面积练习课
6	练习二十一	6	组合图形的面积
7	组合图形的面积	7	整理和复习
8	整理和复习	8	综合实践：测算我家的面积

调整后的单元教学课时与教材编排的总课时保持一致，具体是将原来的 3 节练习课整合为 1 节面积练习课，并增加了“图形的转化”和“综合

实践：测算我家的面积”2 个教学内容。其中，第 1 课时不进入面积的探究活动，而是先让学生经历多边形之间的转化活动，为探究面积公式做好铺垫；第 2~6 课时让学生探究多边形和组合图形的面积计算方法，帮助学生形成转化的意识、方法和策略；最后第 8 课时让学生在综合实践活动中，运用多边形面积计算公式解决生活中的实际问题。本单元具体教学内容的安排（不含课时 5、7）如表 2-32 所示。

表 2-32 “多边形的面积”优化后的单元整体安排、核心目标和核心任务（不含课时 5、7）

课时	教学内容	核心目标	核心任务
1	图形的转化	1. 能找到基本平面图形的底和高；能通过割补、平移、旋转等方法变换图形 2. 探究已学的平面图形之间的转化 3. 感悟转化思想，能运用转化思想解决生活中的实际问题	任务一：在方格纸上把不规则图形用分割、平移、旋转等方法转化成长方形 任务二：在方格纸上把两个一样的梯形通过旋转组合成一个平行四边形 任务三：把三角形转化为长方形，把梯形转化为三角形
2	平行四边形的面积	1. 能通过割补将平行四边形转化为长方形 2. 能对比平行四边形与长方形，明确变与不变 3. 在对比中理解并掌握平行四边形的面积计算公式，并能解决问题	任务一：探究平行四边形的面积计算公式，尝试把平行四边形转化为长方形，并对比联系平行四边形与长方形的不同元素 任务二：在与长方形的比较中探究平行四边形的面积 任务三：发现同底等高的平行四边形的面积关系
3	三角形的面积	1. 能将三角形转化为已知图形（长方形、正方形或平行四边形），并求出面积 2. 联系不同的面积计算方法，掌握三角形的面积计算公式，感受高与底的对应关系	任务一：探究三角形的面积计算公式，尝试把三角形转化为平行四边形（包含长方形和正方形），总结不同的转化方法 任务二：发现同底等高的三角形面积相等，认识等积变形
4	梯形的面积	1. 能将梯形转化为已知图形（长方形、正方形、平行四边形或三角形）并求出面积 2. 掌握梯形的面积计算公式，能用公式解决问题 3. 能灵活选择转化方法，体会图形之间转化的区别与联系	任务一：探究梯形的面积计算公式，尝试把梯形转化为平行四边形（包含长方形和正方形）或三角形，比较不同方法的异同 任务二：建立平行四边形、三角形和梯形面积之间的关系

续表

课时	教学内容	核心目标	核心任务
6	组合图形的面积	1. 会计算简单组合图形的面积，能估算不规则图形的面积 2. 能灵活选择转化方法，体会解决问题的策略和方法的多样性	任务一：运用割补等方法计算组合图形的面积 任务二：在方格纸上估测不规则图形的面积
8	综合实践：测算我家的面积	1. 绘制出简单的房屋（院落）平面示意图 2. 运用多边形面积知识测算房屋（院落）的面积，用绘制手抄报的方式写出测量和计算过程	任务一：画出房屋（院落）平面示意图 任务二：测算房屋（院落）的面积，并写出测量和计算过程

·第三章·

『统计与概率』内容的单元整体教学

我预见到这样的事实将会发生，
而且它会以某种方式发生，
因为过去的经验和人类思想对其的科学阐述
使得这种预测在我看来是合理的。

——庞加莱

进入21世纪以来，信息技术得到了飞速发展与广泛应用，随之而来的是人们要面临的未来生活的多变性与不确定性。使学生能够在海量的信息中获得有价值的数据并且对其进行分析与处理是多国课程改革关注的焦点，因此各国均在义务教育数学课程中设置了“统计与概率”内容。具体而言，世界上发达国家均比较重视数据处理的内容，包括数据的分类、收集、整理、描述和分析等，且均将概率作为数学课程中的内容。我国在2001年的《全日制义务教育数学课程标准（实验稿）》（以下简称《课标实验稿》）中首次将“统计与概率”设为独立的内容领域，并将概率内容贯穿于整个义务教育阶段。后经调查发现，小学低年级学生对部分“统计与概率”内容理解有困难；特别是在概率内容上，教师的教学设计与实施有很大的难度。因此，《课标2011年版》对“统计与概率”内容做了较大调整，在小学低年级不再设置概率内容，并将原来第二学段中的众数、中位数等内容后移到第三学段（史宁中 等，2022）[95]。

《课标2022年版》在《课标2011年版》的基础上对该领域的内容做了一些调整，在小学阶段设“数据分类”“数据的收集、整理与表达”“随机现象发生的可能性”三个主题。

梳理我国课程标准中“统计与概率”内容调整的脉络，以及国际上一些国家“统计与概率”内容设置的特征，我们可以发现重视“统计与概率”内容是数学课程发展的一个趋势。而且，“统计与概率”的教学应该更加贴近学生的真实生活经验，让学生经历完整的解决问题的过程。

同时，教师需要在“统计与概率”内容的教学中，发展学生的数据意识，具体而言，需要注意以下几点：（1）聚焦现实问题，体会数据的意义；（2）经历统计过程，学习统计方法；（3）感悟数据的随机性，了解随机现象发生的可能性。具体到统计内容的教学，教师则需要让学生在理解情境的基础上，经历解决真实问题的全过程，在此过程中理解数据意义，并学会用适当的方式表达数据。以下主要以第二学段“数据的收集、整理与表达”为例，选择“平均数”和“折线统计图”两个单元，分别论述如何通过整体教学更好地让学生理解并表达数据。

《课标 2022 年版》指出，“数据意识主要是指对数据的意义和随机性的感悟……知道同一组数据可以用不同方式表达，需要根据问题的背景选择合适的方式”。在理解数据意义的过程中，对于统计量的理解至关重要。平均数是小学阶段学生要学习的重要统计量，它的本质是刻画一组数据的整体水平，反映数据的集中趋势，具有代表性。学生在学习中要感受平均数中蕴含的统计思想，初步体会平均数的统计意义，形成初步的数据意识。因此，以平均数为例，小学阶段统计量的教学需要凸显其“代表”意义。在进行单元整体教学时，教师需要重点关注这一点。

而在数据的表达的教学中，教师需要重点关注统计图的教学。统计图能直观地表达数据、使信息一目了然，有利于人们便捷地提取、分析和利用信息。统计图是描述数据的重要手段，学生在小学阶段主要认识条形统计图、折线统计图、扇形统计图，并学会用条形统计图和折线统计图呈现相关数据，解释所表达的意义。

可以认为，统计是关于收集、理解、整理、表达数据并基于数据做出预测与判断的一门科学。因此，在“统计与概率”内容的教学中，教师要特别重视让学生经历产生和处理数据的全过程。接下来，我们将分别论述“数据的收集与理解”以及“数据的整理与表达”相关内容的单元整体教学。

第一节　“数据的收集与理解”单元整体教学

从大的方面来说，统计有两方面内容：一是描述统计，二是推断统计。所谓描述统计，一般是指通过图表或数学方法，对数据资料进行整理、分析，并对数据的分布状态、数字特征和随机变量之间关系进行估计和描述的统计。描述统计分为集中趋势分析、离中趋势分析和相关分析三大部分。而推断统计，是研究如何利用样本数据来推断总体特征的统计。比如，要了解一个地区的人口特征，人们不太可能对每个人的特征一一进行调查；对产品的质量进行检验，往往是破坏性的，人们也不可能对每个产品进行检测。这就需要抽取部分个体即样本进行测量，然后根据获得的样本数据对所研究的总体特征进行推断，这就是推断统计要解决的问题。

体现数据集中趋势的代表量一般有平均数、中位数与众数。其中平均数易受极端数据影响，但与中位数和众数相比，平均数能更多利用所有数据的信息。同时，平均数在误差模型中有很重要的作用，是真值的无偏估计（章勤琼，2020）。平均数有算术平均数、加权平均数、几何平均数和调和平均数等，其中算术平均数的算法最简单，也最容易理解，小学阶段所学的平均数一般是指算术平均数。

平均数在描述和推断中都有重要作用。它在描述统计中的重要作用无须赘言，就是以一个数据代表一个群体的数据，体现的是集中趋势的分析。此外，平均数还有推断的作用。比如我们经常说的平均寿命，也就是寿命预期，体现的更多的是平均数的推断预期功能，而不是对现实状况的描述功能。

统计量有描述和推断这两大功能，但由于推断统计的难度较大，而且通常需要有描述统计的相关知识作为基础，因此，小学阶段的教学在学生初次接触统计量时，应体现其描述性，这样更为恰当。在学习平均数时，学生最需要达到的目标应该是：理解平均数是描述一组数据的一个比较理想的统计量。以下我们将以“平均数”单元为例，论述如何整体思考统计量的教学。

一、“平均数”单元：如何凸显统计量的“代表”意义

“统计与概率”是义务教育阶段数学学习的重要领域之一，在小学阶段包括“数据分类”、“数据的收集、整理与表达”和“随机现象发生的可能性”三个主题。其中“数据的收集、整理与表达”包括数据的收集和用统计图表、平均数、百分数表达数据。生活中大量数据蕴含着有价值的信息，利用统计图表和统计量呈现和刻画这些信息，让学生形成初步的数据意识，这是《课标 2022 年版》明确提出的教学要求。

具体到平均数，它是小学阶段要学习的两个重要统计量中的一个。在教材中，平均数一般都不是单独的单元内容，而是与条形统计图等内容混合编排的，但我们可以将“平均数”作为一个学习单元进行对比分析。如何帮助学生建立对平均数的认识，凸显平均数作为统计量的描述功能，实现学生对平均数的理解的目标呢？基于对学习路径的分析，我们对“平均数”这一学习单元进行整体思考和把握。

（一）明确素养导向的学习目标

1. 明晰核心素养内涵，确定核心目标

表 3-1 “平均数”单元核心素养内涵及关联内容

数据意识	知道同一组数据可以用不同方式表达，需要根据问题的背景选择合适的方式
学段目标	理解平均数的意义，会用平均数解决问题，形成初步的数据意识
内容要求	探索平均数的意义，能解决有关的简单实际问题

续表

学业要求	知道用平均数可以刻画一组数据的集中趋势，知道平均数的统计意义；知道平均数是介于最大数与最小数之间的数，能描述平均数的含义；能用平均数解决有关的简单实际问题，形成初步的数据意识和应用意识
教学提示	要引导学生在熟悉的情境中理解平均数所具有的代表性，通过刻画一组数据的集中程度表达总体的集中状况，如某篮球运动员平均每场得分、某地区玉米或水稻的平均亩产、某班级学生的平均身高等，理解平均数的意义；也可以让学生经历收集体现社会发展或科技进步的数据的过程，初步体会平均数的统计意义，形成初步的数据意识
学业质量	能分析与表达数据中蕴含的信息，能绘制简单的数据统计表和统计图，形成初步的数据意识

分析表 3-1 和“平均数”的单元内容可知，本单元的学习目标基本为以下四个：（1）理解平均数的意义；（2）掌握计算平均数的方法；（3）感悟平均数的特性；（4）体会平均数的实际应用。其中（1）（3）两个是本单元的核心目标。

首先是理解平均数的意义。平均数作为统计量，同时具备描述功能和推断功能，在小学阶段以描述功能的学习为主。平均数在体现描述功能时最重要的是代表性，即它是描述一组数据整体水平的良好代表量（章勤琼，2020）。平均数教学“要引导学生在熟悉的情境中理解平均数所具有的代表性，通过刻画一组数据的集中程度表达总体的集中状况”。只有理解了平均数的代表作用，学生才能真正理解平均数的意义。

其次是感悟平均数的特性，包括代表性、虚拟性、敏感性、区间性、公平性等。

以上目标都与平均数的“代表性”密切相关。

2. 分析核心目标，提炼具体表现

确定核心目标后，我们需要将核心目标具体化，提炼具体表现，并形成水平层次，这样目标才能真正在每一节课中指导教学行为。在制定具体表现相关目标时，我们根据对平均数意义、特性的理解的不同层次，进一步对以上两个核心目标做如表 3-2 所示的具体化分析。教师可以根据具体化后的表现性目标来设计和调控教学。

表 3-2　“平均数”单元核心素养导向下核心目标的表现性目标

核心素养内涵	核心目标	表现性目标
知道同一组数据可以用不同方式表达，需要根据问题的背景选择合适的方式	理解平均数的意义	1. 会用一个数（总数、最大值、平均数等）代表一组数据的水平，认识代表量
		2. 会计算平均数，能用移多补少或求和均分等方法
		3. 能用语言准确描述平均数是一组数据整体水平的代表量
	感悟平均数的特性	1. 代表性，平均数代表一组数据的集中趋势
		2. 虚拟性，平均数不一定是实际数据中的值，而是匀出来的
		3. 敏感性，平均数受每个数据的影响
		4. 区间性，平均数介于最大值和最小值之间
		5. 公平性，平均数是“移多补少”“求和均分”得到的数

（二）确定学习起点

学生学习平均数有一定的认知基础，他们在第一学段已经理解了平均分及除法运算的含义。平均分和平均数的意义不同，但计算方法一样，学生掌握平均数计算方法相对容易。此外，学生也有相关经验，如以往的期末考试后，教师会介绍班级平均分等。

四年级学生的统计意识比较薄弱，其生活经验相对较少，用统计的意义去理解平均数需要有一定的统计意识和一定的生活经验，但他们这两方面不足，影响了他们对平均数意义的理解。

前测主要针对核心目标中“理解平均数的意义”这一内容。根据理解平均数意义的表现性目标，我们可以制定评价框架，划定水平层次，再设计相应的测试题。如果学习素材研究的数据采用的是一个个体的多次水平，这样的数据比较便于在推断的时候使用，比如推断“下一次可能有几个”；而在对整体数据的水平描述上，比较合适的是采用一个群体的横向数据，而不是一个个体的纵向数据（章勤琼，2020）。因此，在前测中我们采用了在冬奥会滑雪比赛中不同评委打分的情境。前测题如下：

1. 苏翊鸣在单板滑雪男子大跳台决赛第二跳后，4 位评委打分：93、93、94、92。你认为用多少表示这一跳的成绩比较合适？说说你的理由。

2. 苏翊鸣在决赛中第一跳后，4 位评委打分：89、89、90、90。你认为用多少表示这一跳的成绩比较合适？说说你的理由。

3. 哪一跳的成绩比较好？写出你是怎么比的。

以上第 1 题、第 2 题评价学生是否具有“代表”意识，即会用什么数来代表；如果学生选择用平均数来代表，此二题还能评价学生是否会计算平均数。第 3 题根据学生选择比最高分、比平均数、比第二跳的最低分与第一跳的最高分或一个一个比等及其描述理由，评价学生理解平均数的概念水平。前测结果如表 3-3 所示。

表 3-3　“平均数”掌握水平前测结果

水平层次	内容要素	具体描述	前测数据（人数）
水平 1	无	不能用一个数表示一组数据的水平	4
水平 2	具有“代表”意识	能用一个数表示一组数据的水平，但理由与平均数无关，例如：我喜欢这个数，就用它代表这组数据的水平；我想让最大的数代表这组数的水平；这个数字出现了 2 次	5
水平 3	了解概念水平	能用平均数表示一组数据，但不能说出正确的理由，也不会计算，例如：我认为要用平均数表示	24
水平 4	掌握算法水平	能用平均数表示一组数据的总体水平，会用移多补少或求和均分的方法计算一组数据的平均数，但不能说出用平均数表示的正确理由	13
水平 5	理解概念水平	能理解平均数是代表一组数据整体（平均）水平的量值（即作为一组数据整体水平“代表”的合理性）	2

从前测结果看出，学生具有一定的“代表”意识，对“平均数”这个概念有一定的了解，超过 $\frac{1}{4}$ 的学生会求平均数，但绝大多数学生不能理解“平均数”这个概念的意义。

因此，对“代表”意识的已有观念和利用平均分的认知基础研究平均数是学生的学习起点；对平均数能代表一组数据整体水平的认识理解和选择合适代表量是学生的学习难点。

（三）分析学习路径

基于以上分析，我们对“平均数”的学习路径做了相应的调整与优化。

首先，认识代表量和平均数。教师借助比赛中不同评委打分的现实情境，让学生感受数据，读懂数据，初步理解数据。接着，教师让学生尝试画出数据，进行数据表达，并进一步思考如何用一个数描述比赛成绩。有了直观的感受，借助已有经验，学生会想到用最高分、总分、出现次数最多的分数、平均分等来代表。最后，学生借助代表量进行判断。（见图 3–1）在此过程中，学生初步认识平均数是一组数据整体水平的良好代表量，学会用移多补少、求和均分计算平均数。

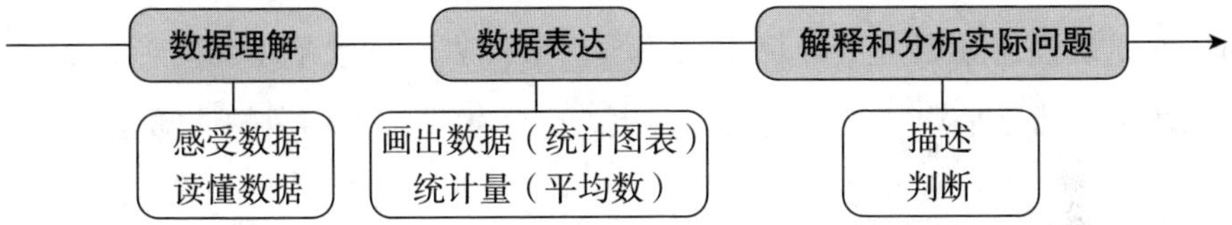

图 3–1　“代表量和平均数”学习路径

其次，理解平均数的意义和特性。学生通过比较两组个数不同的数据，进一步理解平均数是代表一组数据整体水平的良好代表量；同时体会平均数的代表性、虚拟性、区间性、敏感性和公平性；最后进行合理的推断，进而解决问题。（见图 3–2）

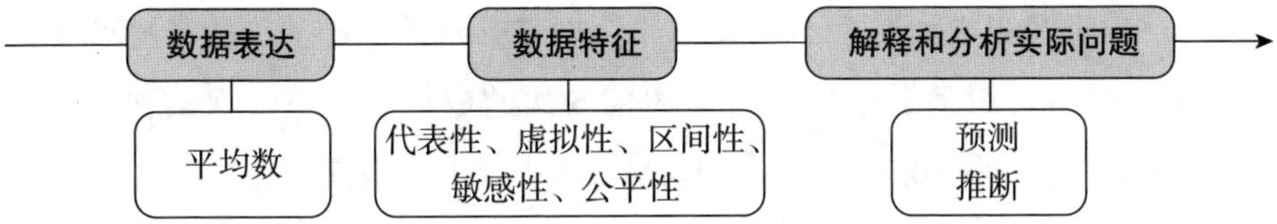

图 3–2　“平均数的意义和特性”学习路径

（四）单元整体教学思考

我们以人教版教材为基础，从单元整体的视角出发，对“平均数”的教学做出适当调整，将“平均数”教学分为两节课，重点关注平均数的描述功能，适当涉及平均数的推断功能。

1. 将“代表量”作为理解平均数的着力点

学生接触统计时最先思考的是代表量，“代表”是理解平均数意义的重要基础，“代表性”也是平均数最重要的特性。人教版教材的例 1 求平均每人收集了多少个矿泉水瓶，更多强调求平均数的方法，对于反映的是“描述”还是“推断”的统计意义并不明确。因此，我们将其改编为苏翊鸣决赛中第二跳和第一跳的评委打分的学习素材，让学生用一个数表示这两跳的成绩时，先以一个实际存在的样本来代表整体水平；在学生充分理解了这个层次的“代表”之后，再让他们去理解实际存在的样本都不是整体水平的平均数的情况，认识需要以一个计算出来的数值来代表平均水平（章勤琼，2020）。如此教学，凸显平均数的描述功能，更符合学生理解平均数的认知规律。

2. 将数据理解和数据表达有效结合

解决人教版教材例 2 踢毽比赛中男、女生队哪个队的成绩好这一问题，学生要先理解数据。数据个数相同时，学生可以选择不同的代表量进行比较；数据个数不同时，平均数成为代表一组数据总体水平的良好代表量。学生充分经历数据理解的过程，自然决定选择平均数进行数据表达，深刻理解平均数的代表性。接着，学生思考“增加一名女生，成绩一定好吗？”，从而理解增加一个不同大小的数据带给整体水平的变化，感悟平均数的敏感性等。最后，学生通过女生前 5 次的成绩预测下一次的次数，再一次理解数据，进行数据表达，同时感受平均数的推断功能。

表 3-4 为“平均数”单元每课时的学习目标、学习任务、设计意图与实施要点。

表 3-4　“平均数”优化后的单元整体安排、课时目标、核心任务、设计意图和实施要点

课时	内容	课时目标	核心任务	设计意图和实施要点
1	代表量和平均数	1. 经历一组数据的表征和理解过程，知道平均数、最大值、总数等可以代表一组数据。初步理解平均数可以刻画一组数据的集中趋势，反映一组数据的整体水平 2. 学会用移多补少、求和均分等方法计算平均数 3. 初步感受平均数的区间性和虚拟性	任务一：苏翊鸣第二跳 4 位评委打的分数为：93、93、94、92，用多少表示这一跳的成绩比较合适？ 任务二：苏翊鸣第一跳 4 位评委打的分数为：89、89、90、90，这一跳的成绩用多少表示比较合适？ 任务三：比较第一跳和第二跳，哪一跳的成绩比较好？为什么？	设计意图：学生思考用什么数代表真实情境中一个群体的横向数据，尝试比较两组个数相同的数据，感受不同的代表量，初步认识平均数的意义并学会求平均数的方法 实施要点：在这一过程中，重点是让学生感受“代表”，学生选择任何代表量都是可以的；同时在课堂练习中，让学生体验不同情境需要选择不同的代表量，对于统计量来说，没有对错之分，只有好坏之别
2	平均数的意义和特性	1. 比较人数不同时各队的成绩，进一步理解平均数的意义，及平均数可以刻画一组数据的集中趋势，反映一组数据的整体水平 2. 掌握用移多补少、求和均分等方法计算平均数 3. 进一步感受平均数的代表性、虚拟性、区间性、敏感性和公平性等特性 4. 初步感受平均数的推断功能	任务一：男生队和女生队哪个队的成绩好？你是怎么比的？ 任务二：如果女生队增加一名队员，她们的成绩一定会好吗？ 任务三：增加的女队员之前 5 次踢毽的个数为：21、18、23、23、20。这一次能踢多少个？	设计意图：学生先思考如何比较个数不同的两组数据的大小，体会用其他代表量不合适，用平均数更合适；接着思考增加一个数会对平均数产生什么影响，进一步感受平均数的敏感性、虚拟性、公平性等；最后根据一个个体的纵向数据进行预测，初步感受平均数的推断功能 实施要点：教学中要让学生认识到平均数是不同组数据比较的一个重要统计量，特别是数据个数不同时，充分感受平均数产生的必要性，理解平均数的意义；借助数据中增加一个数要考虑比较极端的情况，让学生充分感受平均数的特性；最后通过前 5 次的次数预测下一次的次数，让学生充分表达说理，如从平均数、数据的变化趋势等角度进行

第二节 “数据的整理与表达”单元整体教学

在收集与理解的基础上，要有合适的方式对数据进行整理与表达——主要是通过统计表和合适的统计图对数据进行表达。小学阶段需要学习的统计图有条形统计图、折线统计图和扇形统计图。正如《课标 2022 年版》在第三学段的目标中提到的“经历收集、整理和表达数据的过程，会用条形统计图、折线统计图表达数据，并作出简单的判断”，并在“内容要求”中提到“认识折线统计图、扇形统计图；会用条形统计图、折线统计图呈现相关数据，解释所表达的意义”，“学业要求”为“能根据问题的需要，从报纸、杂志、电视、互联网等媒体上获取数据，或者通过其他合适的方式获取数据，能把数据整理成条形统计图、折线统计图，知道条形统计图、折线统计图和扇形统计图的功能，会解释统计图表达的意义，能根据结果作出简单的判断和预测”，并在“教学提示”中明确提出“体会折线统计图与条形统计图的区别，知道针对不同问题应选择合适的表达方式”，“折线统计图教学要引导学生理解折线统计图的主要功能是表达数据的变化趋势”。因此，在关于“数据的整理与表达”的教学中，教师需要让学生更好地感受数据特点，能根据数据特点选择合适的统计图，并利用统计图更好地做出判断和决策。例如，折线统计图的教学需要体现出两个要点：一是存在不同类型的数据，不同的统计图表适合展示不同类型的数据；二是对于有的问题，解决的思路要从精确的数学方式转变到能看出趋势却并不精确的统计方式（章勤琼 等，2019）。

一、“折线统计图”单元：如何帮助学生真正读懂统计图表

统计的核心价值在于数据的收集、处理、分析与表达，以及在数据与随机性的基础上做出判断与预测（章勤琼 等，2013b）。数据是统计的基本语言，指的是有实际背景的数、图和语句。统计图能直观地表达数据，使信息一目了然，有利于人们便捷地提取、分析和利用信息（史宁中 等，2022）[205]。小学阶段学生主要的学习目标是认识条形统计图、折线统计图和扇形统计图，会用这三种统计图呈现相关数据，能选择合适的方法分析数据，解释所表达的意义，感受数据蕴含着信息，形成数据意识。

条形统计图和扇形统计图一般显示分类型数据，而折线统计图使用数值型定序数据（范德沃 等，2023）[568–574]，不仅能表示数量多少，还能清楚地反映数量的增减变化。如何帮助学生建立起对折线统计图的本质认识，凸显折线统计图的核心价值呢？下面我们基于学习路径分析，对“折线统计图”这一单元进行整体思考和把握。

（一）明确素养导向的学习目标

1. 明晰核心素养内涵，确定核心目标

表 3–5 “折线统计图”单元核心素养内涵及关联内容

数据意识	知道在现实生活中，对许多问题应当先做调查研究，收集数据，感悟数据蕴含的信息；知道同一组数据可以用不同方式表达，需要根据问题的背景选择合适的方式
学段目标	经历收集、整理和表达数据的过程，会用折线统计图表达数据，并做出简单的判断，形成数据意识和初步的应用意识
内容要求	认识折线统计图，会用折线统计图呈现相关数据，解释所表达的意义；能从各种媒体中获得所需要的数据，读懂其中的简单统计图表；在简单的实际情境中，应用统计图表，形成数据意识和初步的应用意识

学业要求	能根据问题的需要，从报纸、杂志、电视、互联网等媒体上获取数据，或者通过其他合适的方式获取数据，能把数据整理成条形统计图、折线统计图，知道条形统计图、折线统计图的功能，会解释统计图表达的意义，能根据结果做出简单的判断和预测，能在认识及应用统计图表中，形成数据意识、发展应用意识
教学提示	要引导学生理解折线统计图的主要功能是表达数据的变化趋势，体会折线统计图与条形统计图的区别，知道针对不同问题应选择合适的表达方式，逐步感知统计学基于合理性的价值判断准则；有条件的学校可以利用信息技术处理数据、绘制统计图
学业质量	知道数据的统计意义，形成数据意识和推理意识

分析表 3-5 和“折线统计图”的单元内容，可知本单元的学习目标如下：（1）了解折线统计图的特点；（2）能对数据进行分析和预测；（3）体会折线统计图在生活中的意义和作用，发展数据意识。核心目标是读懂折线统计图并基于数据分析做出推断与决策。

2. 分析核心目标，提炼具体表现

柯西奥把学生对统计图表的数据分析分为三个水平：数据本身的读取，数据之间的读取，超越数据本身的读取（Curcio，1987）。我们结合他的研究将单元核心目标“读懂折线统计图并基于数据分析做出推断与决策”具体化为以下四个不同理解水平层次：（1）能结合实际情境知道用统计图表达数据信息；（2）能读取折线统计图中的单独（直接）信息；（3）能读取折线统计图中的关联（间接）信息；（4）能基于数据分析做出判断与决策。

由此，本单元核心素养导向下核心目标的表现性目标形成（见表3-6），教师可以根据表现性目标来设计和调控教学。

表 3-6 “折线统计图”单元核心素养导向下核心目标的表现性目标

核心素养内涵	核心目标	表现性目标	具体描述
1. 知道在现实生活中，有许多问题应当先进行调查研究、收集数据，感悟数据蕴含的信息 2. 知道同一组数据可以用不同方式表达，需要根据问题的背景选择合适的方式	读懂折线统计图，并基于数据分析做出推断与决策	1. 能结合实际情境知道用统计图表达数据信息	能结合实际情境知道折线统计图是在表达什么数据，有没有表示出这些数据和信息
		2. 能读取折线统计图中的单独（直接）信息	能从图上的点中读取具体数据信息，能从线中读取数据的上升或下降情况；知道折线统计图和条形统计图对数据的不同表达
		3. 能读取折线统计图中的关联（间接）信息	理解数据间的关系，能写出最大、最小，或何时上升（或下降）得最快，或能对数据进行加减乘除操作等
		4. 能基于数据分析做出判断与决策	能通过数据来进行推断、预测、推理，能结合整体趋势做出推断，能结合实际背景进行解释并解决问题

（二）确定学习起点

为了解学生在读懂折线统计图并基于数据分析做出推断与决策方面的情况，我们设计了有关单式折线统计图的前测题，并对 40 名学生进行了前测，前测题如下：

小明在暑假里决定减肥，他将自己减肥过程中的体重做了如下表和下页图所示的两种方式的记录。

日期	7.1	7.7	7.13	7.19	7.25	7.31	8.6	8.12	8.19	8.25	8.31
体重/kg	60	59	57	53	55	58	57	55	53	50	48

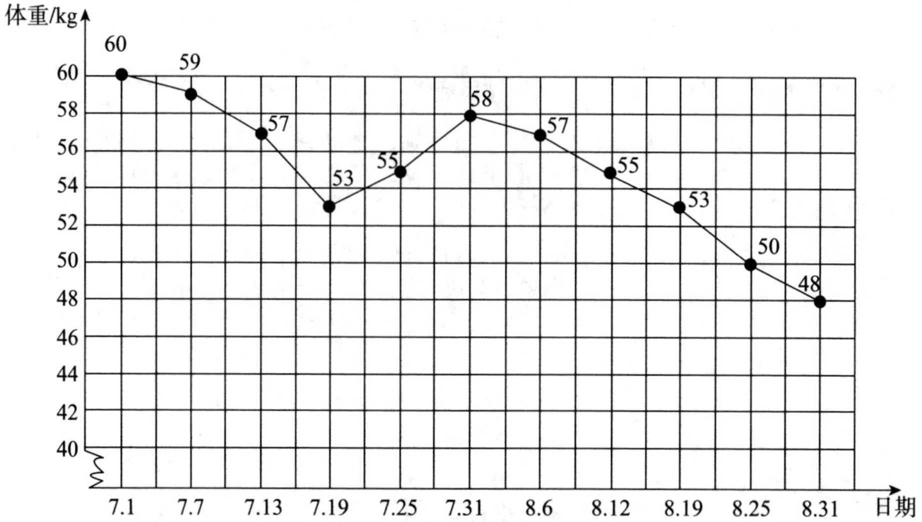

从统计图中，你能知道什么信息？请你写出来（尽可能多）。

前测结果见表 3-7。

表 3-7 “折线统计图”前测结果

水平	目标	具体描述	学生表现	人数
水平 0	不知道统计图能用来表达数据	不能对折线统计图进行数据和信息读取，只关注外在特点	1. 跟以前的统计图不一样 2. 斜着点一个点	1 人
水平 1	能结合实际情境知道用统计图表达数据	能结合实际情境知道折线统计图是在表达什么数据，但没有表示出这些数据和信息	能知道这是折线统计图，这是小明体重的统计图，这是七、八月份的统计图	1 人
水平 2	能读取折线统计图中的单独（直接）信息	能从图上的点中读取具体数据信息，能从线中读取数据的上升或下降情况；知道折线统计图和条形统计图对数据的不同表达	可以看出小明每天多重，每次重量是增加了还是减少了	17 人
水平 3	能读取折线统计图中的关联（间接）信息	理解数据间的关系，能写出何时体重最重、最轻或下降最快，或能对数据进行操作（如什么时候减重多少等）	1. 小明共减重 12 千克 2. 小明 7 月 1 日到 7 月 19 日体重在减少，7 月 19 日到 7 月 31 日体重增加，后来持续减少	20 人

续表

水平	目标	具体描述	学生表现	人数
水平4	能基于数据进行判断和决策	能通过数据来进行推断、预测、推理，能结合整体趋势进行推断，能结合实际背景进行解释并解决问题	小明的减肥效果很好，越来越轻	1人

从前测结果可知，在 40 名学生中，只有 1 人没法将折线统计图与现实情境进行关联。在剩余的 39 人中，有 38 人能读取折线统计图中的信息，但基本上（37 人）是处于水平 2 或水平 3，能结合实际情境知道用折线统计图表达数据信息，并能读懂折线统计图的直接信息和间接信息。只有 1 人能达到水平 4，根据折线统计图的整体趋势推测小明的减肥效果。这说明学生对趋势的对比及对整体趋势的理解还不够，没有合适的问题驱动，学生很难自觉想到超越数据的推断。

因此，对折线统计图的数据本身进行读取是学生的认知起点；基于数据进行判断与决策，特别是结合现实背景进行解释，是学生的学习难点。

（三）分析学习路径

基于单元核心目标和前测分析，为达成四个水平层级目标，我们可将“折线统计图”的学习路径进行以下优化：先学习单式折线统计图，再学习复式折线统计图。单式折线统计图的学习完成水平 1 到水平 4 的目标，复式折线统计图的学习是对水平 3 和水平 4 目标的深化。

统计是为了解决问题，合适的图表能更好地表达数据、分析数据并帮助推断，从而解决问题。首先，学生要知道用统计图表表达数据，能判断有没有表达出这些数据的相关信息，达成水平 1 的目标。其次，学生要能对数据进行目标明确的分析，分析重点要放在图表所传达的问题的相关性上，对折线统计图的数据进行直接读取，认识折线统计图的要素和特点，达成水平 2 的目标。最后，学生要对数据间关系进行读取，通过问题驱动找到数据背后隐藏的信息，根据统计图中的部分数据和整体趋势进行推断，解决问题，体会统计的应用价值，达成水平 3 和水平 4 的目标。学生经历这样的过程，知道折线统计图和条形统计图的本质区别，并能根据背景选择合适的方法，感悟不同图表对于解决不同问题的优势。

复式折线统计图承载更多的数据信息，既能反映每组数据的变化趋势，又隐含着各组数据之间的差异。借助复式折线统计图，学生能更好地对两组数据进行比较。此时，数据之间的信息读取不仅是同组数据纵向比较，更是不同数据同一时间段的横向比较，达成对水平 3 目标的补充。在进行分析推断时，学生既要关注数据差的变化趋势，从两个维度感悟变化趋势，又要分析数据背后隐藏的现实背景，结合实际进行合理推断，基于数据解释结果，养成用数据说话的习惯，进一步体会统计的实际应用价值，实现对水平 4 目标的深化。

（四）单元整体教学思考

综上所述，我们可以将本单元分为两个基本内容，关注对数据的分析和由此产生的统计意义。其中，单式折线统计图安排 2 个课时，复式折线统计图安排 1 个课时，共 3 个课时。

在本单元教学中，核心任务的设计至关重要。核心任务的设计包括情境、数据和问题的设计。

首先，统计与生活密切相关，其显著特征是情境的突出地位。因此，我们在单式折线统计图教学中选择贴近学生生活实际的发烧后返校的情境作为例题背景，在复式折线统计图的教学中则选用社会热门话题“出生人口数和死亡人口数”为背景。

其次，数据分析是统计教学的核心，合适的数据是学生理解折线统计图的本质特点和进行分析推断的基础。因此，数据类型要选择定序数据，便于学生与条形统计图进行对比；数据的大小既要符合实际又要能体现趋势，有利于学生发现特点。

最后，问题设计是学生达成目标的关键。因此，我们可巧妙设计驱动性问题，如“什么时候退烧”“什么时候返校”，适时插入现实背景，如加入“体温多少能吃退烧药”“体温多少算正常”等生活小贴士，结合“三孩”政策、人口老龄化等社会现象，赋予数据以现实意义，让学生在活动讨论中不知不觉达成水平 4 的目标，体会统计的应用价值和育人价值。

以下为各课时目标和核心任务的设计（见表 3-8）。

表 3-8　“折线统计图”优化后的单元整体安排、课时目标和核心任务

内容	课时	课时目标	核心任务
单式折线统计图	1	1. 能从真实生活情境中提出统计问题，产生需要收集数据解决问题的意识，体会统计的必要性 2. 能结合实际情境知道用折线统计图表达数据信息，知道折线统计图的要素是点和线，点表示数量的多少，点之间的连线体现数据的增减变化，折线的形状反映数据的变化趋势 3. 能从折线统计图的数据中提取信息、分析数据，能读取单独信息和关联信息	**任务一：**情境——小明发烧了，根据规定须退烧 24 小时后才能返校，那小明什么时候才能返校？ 提问：要想解决这个问题，小明需要做些什么？ **任务二：**1. 读条形统计图；2. 将条形统计图变成折线统计图（课件演示） 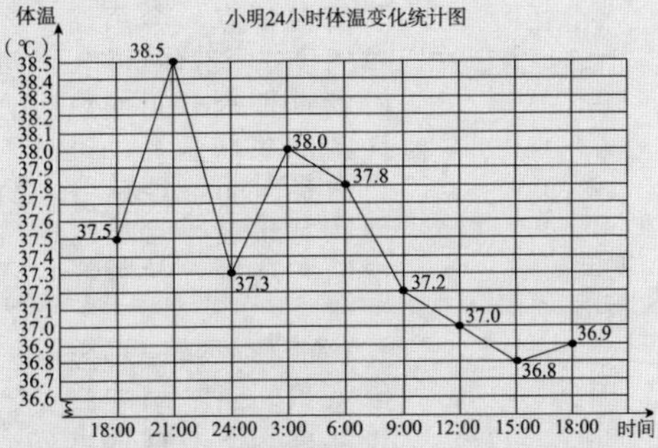 **任务三：**从折线统计图中你能看出什么信息？读取单独信息和关联信息
单式折线统计图	2	1. 能结合现实情境根据折线统计图进行合理的推断并解释 2. 知道同一组数据可以用不同方式表达，能区别折线统计图和条形统计图的本质特点，知道条形统计图可以表示数量的多少，折线统计图既可以表示数量的多少，还可以表示数量的增减变化 3. 能根据情境选择合适的统计图，知道定类数据用条形统计图	**任务一：**看上面的图回答以下问题 1. 独立思考：小明在什么时候吃了退烧药？你是怎么知道的？（生活小贴士：发烧 38.5℃及以上才可以吃退烧药；正常体温不超过 37.3℃） 2. 小组讨论：小明的体温从何时开始呈现下降趋势？说说你们的理由 3. 小组讨论：小明可以从何时开始计算返校时间？你是怎么看出来的？如果想增加你推断的把握，还需要哪些数据？ **任务二：**折线统计图和条形统计图有什么不同？ **任务三：**下面情况用哪种统计图表达更合理？你对统计图有什么新的认识？

续表

<table>
<tr><th>内容</th><th>课时</th><th>课时目标</th><th>核心任务</th></tr>
<tr><td>单式折线统计图</td><td>2</td><td>表达更合适，定序数据用折线统计图表达更合适</td><td>5 位同学数学第一单元检测成绩
<table><tr><td>名字</td><td>陈东</td><td>小美</td><td>李康</td><td>小华</td><td>小雪</td></tr><tr><td>成绩</td><td>91</td><td>90</td><td>95</td><td>88</td><td>93</td></tr></table>
陈东数学第一至第五单元检测成绩
<table><tr><td>单元</td><td>一</td><td>二</td><td>三</td><td>四</td><td>五</td></tr><tr><td>成绩</td><td>91</td><td>90</td><td>95</td><td>88</td><td>93</td></tr></table></td></tr>
<tr><td>复式折线统计图</td><td>3</td><td>1. 能结合具体情境知道用复式折线统计图表达两组定序数据，了解其特点，会画简单的复式折线统计图
2. 能读取复式折线统计图的关联信息，进行数据分析，能结合现实背景进行合理的推断和决策，并解释说理
3. 形成数据意识和应用意识，清楚国家政策都是基于数据提出的，养成用数据说话的习惯，进一步体会统计的应用价值和育人价值</td><td>任务一：出示 1998~2021 年全国出生人口数统计图
1. 从图中你知道了什么?
2. 出示人口老龄化相关信息，提问：如果要反映出人口老龄化还需要什么信息?（死亡人口数，了解人口增长情况）
3. 出示 1998~2021 年全国死亡人口数统计图（读图中产生绘制复式折线统计图的需求）
任务二：绘制复式折线统计图
1. 自主尝试补充统计图
2. 完善复式折线统计图
3. 复式折线统计图和单式折线统计图有什么不同?
任务三：回答以下问题
1. 观察复式折线统计图，你又有什么发现?
2. 你有什么疑问?（出示国家“二孩”和“三孩”政策，解释结果）
3. 推断 2022 年人口数，结合社会背景分析解释
4. 请你给国家献计献策</td></tr>
</table>

·第四章·

『综合与实践』内容的单元整体教学

在数学的天地里，
重要的不是我们知道什么，
而是我们怎么知道什么。

——毕达哥拉斯

20世纪数学发展的主要标志之一就是“数学应用”，因此，数学课程中的“综合与实践”内容应运而生，其本质在于综合、探究与应用，学生需要综合应用所学的数学知识技能与思想方法探索、解决数学问题以及生活实际问题。在21世纪的第二个十年，世界上许多国家进行了数学课程改革，都体现了培养人才核心素养的理念。虽然各国提出了不同的核心素养框架，但基本都包含了沟通交流能力、团队合作能力、批判质疑能力以及创新能力，也就是21世纪4C能力。对这些能力的强调体现在对数学的综合应用上，如澳大利亚2011年的国家数学课程在目标中提到“认识到数学各领域与其他学科的联系，将数学看作是可以学好、乐于学好的一门学科”（曹一鸣，2012）；英国2014年发布的新一轮国家数学课程标准中，强调了注重培养学生问题解决的能力和注重数学与其他学科相互融合（李家贝 等，2015）。

在我国，2001年的《课标实验稿》开始设置“实践与综合应用”领域，为学生提供了一种进行实践性、探索性和研究性学习的渠道。具体而言，该领域在1~3年级主题为“实践活动”，在4~6年级主题为“综合应用”，在7~9年级主题为“课题学习”。《课标2011年版》延续了这一领域的设置，并将领域名称改为“综合与实践”，明确这是一类以问题为载体，以学生自主参与为主的学习活动，并在实施方式上做了规定，要求每学期应保证至少一次综合与实践的教学活动，提倡把这种教学形式体现在日常教学活动中。

在前两版课程标准对“综合与实践”内容设置的基础上，《课标2022年版》对“综合与实践”领域进行了较大调整，内容主要包括主题式学习和项目式学习等。第一、第二、第三学段主要采用主题式学习，第三学段可适当采用项目式学习。在主题式学习中，学生将面对现实的背景，从数学的角度发现并提出问题，综合运用数学和其他学科的知识与方法，分析并解决问题。项目式学习的设计以解决现实问题为重点，让学生综合应用数学和其他学科知识解决问题，体会数学知识的价值以及数学与其他学科的关联。而且，主题式学习和项目式学习中的活动分为两类：第一类，融入数学知识学习的活动。在这类活动中，学生将学习和理解数学知识，感悟知识的意义，活动主要涉及量、方向与位置、负数等知识的学习。第二类，需要运用数学知识及其他学科知识的活动。在这类活动中，学生将综合运用数学与其他学科知识解决问题，体会数学知识的价值以及数学与其他学科的关联。

在本章中，我们将分别以一个主题式学习和一个项目式学习的内容为例，来论述对“综合与实践”的内容该如何开展单元整体教学。

第一节　主题式学习单元整体教学

“综合与实践”是小学数学课程中最能体现总目标的内容，在小学阶段主要采用主题式学习的方式进行。学生需要在真实情境中发现问题、提出问题、分析问题，形成一个中心主题统领下的若干个小主题，并运用数学和其他学科知识与方法解决问题，积累活动经验，感悟思想方法，形成和发展核心素养。对于主题式学习内容，在教学中需要如何实践？又要采取什么样的方式评价？《课标 2022 年版》将学科核心素养作为学科育人目标，落实立德树人的根本任务，并针对“内容要求”提出“学业要求”“教学提示”，不仅明确了“为什么教”“教什么”“怎么教”“教到什么程度”，而且强化了“怎么教”的具体指导，注重实现“教—学—评”一致性。

一、“度量衡的故事”主题式学习单元：如何以实践活动体验量的统一过程

具体到第二学段的“主题活动 4：度量衡的故事”，其“内容要求”与“学业要求”指出，教师需要借助度量衡漫长的历史发展过程中的数学要素，设计合适的主题内容，帮助学生发展量感，进一步理解计量单位的含义。下面我们通过基于学习路径分析的“度量衡的故事”的主题活动设计来进行说明。

（一）明确素养导向的学习目标

1. 明晰核心素养内涵，确定核心目标

结合《课标 2022 年版》第二学段中对“度量衡的故事”主题活动的核心素养内涵及相应的内容要求、学业要求以及教学提示的相应描述，我们整合得到了表 4-1。教师可以借此来分析素养与主题活动内容的关联。

表 4-1　“度量衡的故事”单元核心素养内涵及关联内容

量感	知道度量的意义，能够理解统一度量单位的必要性
内容要求	知道中国在秦朝统一了度量衡，能通过查阅资料理解度量衡的意义，知道最初的度量方法都是借助日常用品，加深对量和计量单位的理解，丰富并发展量感
学业要求	会查找资料，理解度量衡的意义，提升学习的意识与能力；了解最初的度量方法都是借助日常用品，理解度量的本质就是表达量的多少，知道计量单位是人为规定的；了解计量单位的发展历史，知道科学发展与度量精确的关系；在教师指导下，能对不同的量进行分类、整理、比较，丰富并发展量感
教学提示	可以考虑以问题引领的形式设计主题活动；可以设计长程活动，引导学生主动参与、查阅资料、深入思考、得出结论，丰富数学学习经验；在关注过程性评价的基础上，还可以增加关注创新性评价

分析表 4-1 可知，“度量衡的故事”的学习内容是以度量衡的计量单位发展历史为主线，要求学生知道度量的意义，能够理解统一度量单位的必要性。结合内容要求和学业要求可知，本主题式学习的目标主要有三个：（1）知道中国在秦朝统一了度量衡，能通过查阅资料理解度量衡的意义；（2）了解计量单位的历史与发展，理解度量本质，进一步理解计量单位的作用和意义，感受科学发展与度量精确的关系；（3）对“度”“量”“衡”进行分类、整理、比较，丰富并发展量感。从中可知，第二个目标是本主题活动的核心目标。

2. 分析核心目标，提炼具体表现

确定核心目标后，我们需要根据度量本质的内涵并结合度量衡的历史发展过程形成具体的层次性目标，从而在有关度量衡的主题活动中指导教

学行为。

《义务教育数学课程标准（2022 年版）解读》中对“知道度量的意义，能够理解统一度量单位的必要性”的内涵描述为“在实际情境中感悟事物的各种可测量属性；对各种实际度量的‘大小’建立初步的直觉……在各种‘量’的比较过程中，感悟统一度量单位的必要性……体验测量工具的作用与意义，初步感悟直观经验的局限性和测量工具的重要性”（史宁中等，2022）[54]。结合度量衡的历史发展过程可知，人类早期在测量物体的长度、容积、质量时，都是以人体的一部分或生活中的器具为计量单位的标准，随着科学发展和度量精确度要求的提高，人们不断寻找稳定、常见的物体来替换标准。在学习这些内容的过程中，学生要进行对比、梳理，丰富量感。由此，我们确定“度量衡的故事”中核心目标的表现性目标，如表 4-2 所示。

表 4-2　“度量衡的故事”单元核心素养导向下核心目标的表现性目标

核心素养	核心目标	表现性目标
知道度量的意义，能够理解统一度量单位的必要性	了解计量单位的历史与发展，理解度量本质，进一步理解计量单位的作用和意义，感受科学发展与度量精确的关系	1. 能对实际度量物体的“大小”建立初步的直觉
		2. 以自己的方式（用非标准单位或另一个量）为“中介”比较大小
		3. 在理解和比较不同的自创单位后，感悟统一度量单位的必要性，商量确定统一度量单位
		4. 体验测量工具的作用与意义，初步感悟直观经验的局限性和测量工具的重要性

（二）确定学习起点

前测中，我们通过四年级 35 名学生在阅读度量衡材料（见图 4-1）后提出的关于度量衡的问题，分析了学生对“度量衡”的理解情况（见表 4-3）。从表 4-3 可知，学生对度量衡的内容充满了好奇，只是 26% 的学生无法根据已经学习的长度单位、面积单位、质量单位等度量经验来提出有关度量的问题；20% 的学生根据度量经验，想要了解古代的度量单位有什么、有多大；17% 的学生根据测量工具的使用经验对古人怎么测量产生了疑问；37% 的学生突破了已有经验，想要了解度量衡的产生与发展中出现的问题。

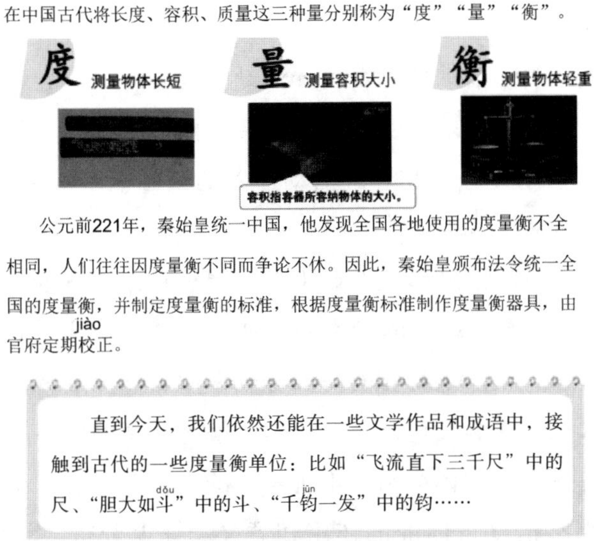

图 4-1　度量衡材料

表 4-3　“度量衡”理解情况前测结果

问题类别	学生情况	占比
无关问题	为什么叫“度”“量”“衡”？	26%
计量单位	度量衡的单位有什么？（11.4%）	20%
	度的单位有多长？量的单位有多大？（8.6%）	
测量方法	古人是怎么测量的？	17%
产生与演变	是谁发明了度量衡？为什么要测量容积？度量衡有什么缺点？	37%

根据前测结果可知，没有学生能说清楚度量衡的产生与发展过程。因此，教师首先需要顺应学生的问题，通过理解学生的问题，促进学生对学习任务的理解；其次需要增加操作活动，让学生感受度量标准的作用与意义。

（三）分析学习路径

“度量衡的故事”主题活动是借助度量衡漫长的历史发展过程中典型的

发展阶段，让学生通过操作、探究、交流等具体活动进行数学活动或应用。根据单元目标和前测结果，我们把“度量衡的故事”主题活动的学习路径分为以下三个阶段。

第一阶段，明确活动任务，设计活动方案。教师引导学生阅读有关度量衡的资料，产生问题，并组织学生在课堂上进行交流，以此了解度量衡，促进学生理解活动任务。在理解活动任务的基础上，学生制订研究计划，形成切实可行的研究小主题。

第二阶段，经历计量单位的产生与发展过程，理解度量意义。从历史上看“度”“量”“衡”单位的产生和发展经历了漫长的时间，大致分为相似的三个阶段——从采用身体的一部分到采用自然界的物体，最终到采用恒定不变的常量。前测发现，没有学生了解度量衡的产生与发展过程，所以学生很难在一课时中体会从“不统一”的自创单位到“统一单位”的必要性，也很难感悟度量标准的作用和意义。综上分析，学生需要分别经历“度”“量”“衡”的标准从身体到物体（黍米），最终到恒定不变的常量的演变过程，通过操作活动和说理，经历度量单位由多元到统一、由粗略（自创单位）到精细（国际通用单位）的发展过程。

第三阶段，理解与评价研究成果。教师引导学生对“度”“量”“衡”进行分类、整理形成研究成果，在学生理解的基础上，组织学生对研究成果进行评价，在交流中对比、反思，深化对度量意义的理解。

整个主题活动蕴含两条主线：一是学习内容。基于问题，经历“度”“量”“衡”历史发展纵向的三个阶段和实践操作，有助于学生更好地体会度量的本质，并在横向分类、整理、比较中理解度量单位。二是学科素养。通过操作体会度量的意义，让学生确定度量对象、选择度量标准、统一度量单位，并在正确度量中丰富和发展量感。

（四）单元整体教学思考

综上所述，根据学习路径和具体化目标，我们从单元整体视角出发，对本主题活动的学习任务和目标进行设计，如表 4-4 所示。

表 4-4　“度量衡的故事”优化后的单元整体安排、核心任务与目标

课时	内容	核心任务	目标
1	了解度量衡	一、了解度量衡 1. 阅读资料，说说你有什么发现? 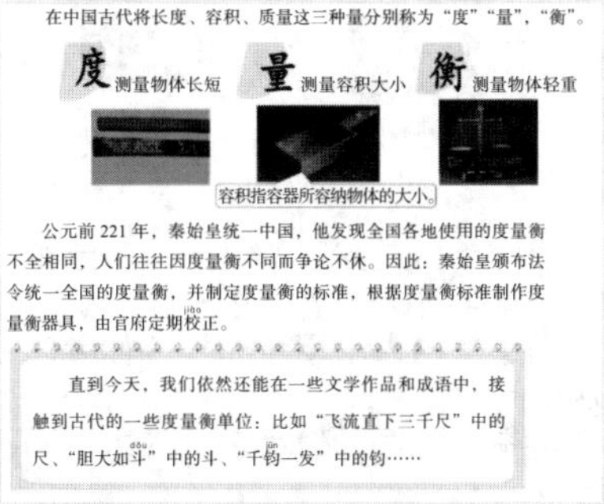 2. 关于度量衡，你有哪些问题? 二、明确任务 我国的度量衡是怎么从古代演变成现在的样子的? 小组合作，并形成研究成果 1. 想要完成任务，你需要做什么? 2. 你打算怎样研究度量衡的演变过程? 引导形成三个子任务：“度”“量”“衡”各自的演变过程研究 三、作业：收集“‘度’的演变过程”的相关资料	联系实际，体会历史发展中度量标准在发生变化
2	任务一：“度”的演变	一、操作中理解“度”的演变过程  1. 按照“布手知尺”的方法，量一量课桌的宽是多少尺，同伴间比一比、说一说 2. 人们的拇指指端和食指指端间的距离不全一样，你会怎么解决这个问题呢? 3. 用“黍米”怎么确定 1 尺的长度呢? 来试一试 4. 了解 1 米的规定，理解后思考：从“布手知尺”到“累黍定尺”，再到“用光速规定长度”，你有什么发现? 二、作业：丰富“度”的演变过程的资料，收集“量”的演变过程的资料	1. 能对实际度量物体的“大小”建立初步的直觉 2. 以自己的方式(用非标准单位或另一个量)为“中介”比较大小 3. 在理解和比较不同的自创单位后，感悟统一度量单位的必要性，商量确定统一的度量单位 4. 体验测量单位的作用与意义，初步感悟计量单位由多元到统一、由粗略到精细

续表

<table>
<tr><th>课时</th><th>内容</th><th>核心任务</th><th>目标</th></tr>
<tr><td>3</td><td>任务二：“量”的演变</td><td>一、操作中理解“量”的演变过程
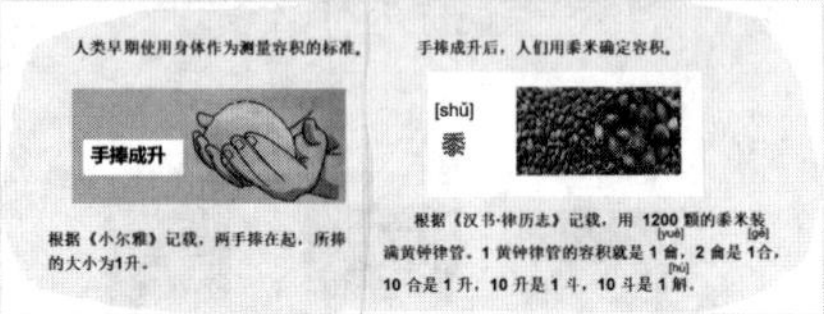

1. 按照“手捧成升”的方法，确定 1 升的大小，同伴间比一比、说一说
2. 人们手掌的大小不全一样，你会怎么解决这个问题呢？
3. 用“黍米”怎么确定 1 升的大小呢？来试一试
4. 了解现在“1 升”的规定，理解后思考：从“手捧成升”到“使用黍米”，再到“规定 1 升相当于 1 立方分米”，你有什么发现？
二、作业：丰富“量”的演变过程的资料，收集“衡”的演变过程的资料</td><td></td></tr>
<tr><td>4</td><td>任务三：“衡”的演变</td><td>一、操作中理解“衡”的演变过程
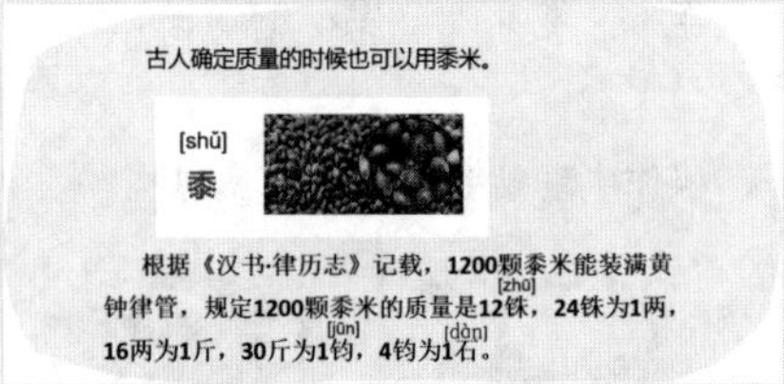

1. 人类早期怎么不用手来测量身边物体的轻重呢？同伴间试一试、说一说
2. 用“黍米”怎么确定 1 斤的质量呢？来试一试
3. 了解现在关于 1 千克的规定，理解后思考：从“手掂”到“使用黍米”，再到“规定 1 立方分米水的质量”，最后“以普朗克常数为基础定义千克”，你有什么发现？
二、作业：丰富“衡”的演变过程的资料</td><td></td></tr>
<tr><td rowspan="2">5</td><td>分享交流</td><td>分享各组度量衡展板，展示度量衡的发展过程</td><td rowspan="2">分类、整理、比较，进一步感受度量过程，丰富量感</td></tr>
<tr><td>反思改进</td><td>用成果评价量规交流各组展板设计的不足和需要改进之处，并提出需要进一步研究的问题</td></tr>
</table>

第二节　项目式学习单元整体教学

《课标2022年版》关于“综合与实践”的内容指出：学生将在真实问题中，运用数学和其他学科的知识与方法，经历解决问题的过程，形成和发展核心素养。“综合与实践”主要包括主题式学习和项目式学习等。项目式学习的设计以解决现实问题为重点，让学生综合应用数学和其他学科知识解决问题，体会数学知识的价值以及数学与其他学科的关联。“综合与实践”内容具有问题性、综合性、实践性等特征，学生将在现实的情境中做数学、用数学，自主地发现、选择和确定问题，选择处理问题的策略、解决问题的程序和步骤，理解数学知识的本质和数学的价值，这就决定了“综合与实践”的活动设计将不同于其他数学知识的教学设计（史宁中 等，2022）[243]。

一、“设计参观动物园最佳路线”项目式学习单元：如何完整经历解决真实问题的全过程

基于学习路径分析，我们以“设计参观动物园最佳路线”为例，从主题选取、目标确定、学习起点确定、学习路径分析、核心内容设计五个方面整体思考“综合与实践”单元主题课程的设计与实施。

（一）主题选取

教师在选取项目式学习主题的资源、素材时，需要去考虑这个主题是否是真实的、有趣的，是否能够引发学生的好奇心和探究欲望，是否具有研究性、开放性的问题等。“设计参观动物园最佳路线”这个主题，就包含了以上的要点。动物园是小学生最愿意去的地方之一，而学生在参观过程中经常因参观路线设计不合理，导致在有效的时间内看不全想去看的动物；同时设计参观动物园的最佳路线，是一个探究性、开放性的问题，需要学生去理解标准、搜集信息、规划路线等；而且设计路线的过程，包含了数学建模、应用意识等核心素养的培养。

（二）明确素养导向的学习目标

1. 明晰核心素养内涵，确定核心目标

“设计参观动物园最佳路线”需要学生在真实情境中，自主设计问题解决的最优方案。第二学段“综合与实践”关于“问题解决能力”的要求是，“能在问题解决过程中积累活动经验和解决问题的方法，能提取经验、方法用以解决新的问题；能与他人合作制订简单的问题解决方案，主动寻求支持和帮助等”（史宁中 等，2022）[245]。同时，此项目与《课标 2022 年版》中“例 58　制订旅游计划”属于同一类型，都是“在真实情境中，引导学生经历从数学的角度概括事物的关键要素、有条理地制订计划的过程，积累数学实践活动的经验，发展应用意识”。

为了更好地培养学生的应用意识，参照《课标 2022 年版》中关于“应用意识”核心素养内涵及学段目标、内容要求、学业要求、学业质量的内容，我们制订了表 4–5。

表 4-5 “设计参观动物园最佳路线”单元核心素养内涵及关联内容

应用意识	能够感悟现实生活中蕴涵着大量的与数量和图形有关的问题，可以用数学的方法予以解决；初步了解数学作为一种通用的科学语言在其他学科中的应用，通过跨学科主题学习建立不同学科之间的联系
学段目标	尝试探索分析和解决问题的方法，经历独立思考并与他人合作交流解决问题的过程，能初步判断结果的合理性，形成初步的应用意识
内容要求	在活动中综合运用数学和其他学科知识解决问题
学业要求	能够积极参与活动，在活动中能独立思考问题，主动与他人交流，加深对数学知识的理解；经历解决简单实际问题的过程，提高应用意识，积累数学活动经验，感悟数学的价值
教学提示	可以考虑以问题引领的形式设计活动；可以设计长程活动，引导学生主动参与、深入思考，经历探求解决问题策略的过程；要设计具有操作性的活动，引导学生感受数学与其他学科的联系以及在解决实际问题中的作用，提高应用意识
学业质量	结合现实生活，能尝试运用所学知识和方法描述、表达、分析、解释实际问题，形成初步的应用意识

基于表 4-5 和单元内容，本项目将核心目标确定为：（1）厘清问题；（2）获取信息；（3）规划路线；（4）推理运算；（5）解释结果。

2. 分析核心目标，提炼具体表现

确定核心目标后，我们还需要根据“应用意识”的内涵进行分析，形成具体的表现性目标，见表 4-6。教师可以根据表现性目标来设计和组织教学。

表 4-6 “设计参观动物园最佳路线”单元核心素养导向下核心目标的表现性目标

核心素养内涵	核心目标	表现性目标
1. 能够感悟现实生活中蕴涵着大量的与数量和图形有关的问题，可以用数学的方法予以解决 2. 初步了解数学作为一种通用的科学语言在其他	厘清问题	在具体情境中提出“设计参观动物园最佳路线”的问题；明确“最佳路线”的要求，即能够从“时间”“参观动物园场馆的数量”“大众喜好”等维度理解“最佳路线”
	获取信息	知道设计参观动物园路线，需要从地图中提取场馆位置、路上时间、参观场馆所需时间等信息；能够从情境图中发现和获取设计参观动物园最佳路线所需的信息

续表

核心素养内涵	核心目标	表现性目标
学科中的应用，通过跨学科主题学习建立不同学科之间的联系	规划路线	能够明确设计参观路线的要求，有条理地规划路线；能够在规定的时间内，先考虑参观固定场馆，再考虑参观其他场馆
	推理运算	能够根据情境图中给出的时间信息，结合初步规划的路线，对参观所需时间进行正确计算，计算时要同时关注参观时间和路上时间；能够根据计算的时间进行调整，增减场馆数量
	解释结果	在投票时学会理性地进行选择；在解释推荐理由时，能关注三个要素，即时间短、参观的场馆数量多、受欢迎的场馆多；在表述时能够根据各要素，有理有据地表达观点

（三）确定学习起点

学生在设计参观动物园最佳路线时，需要经历提出问题、从真实的动物园地图中提取信息、自主设计路线等过程。为了让学生都能参与到问题解决中去，具体的活动任务应难易适度，让更多学生经过努力可以完成。因此，教师需要充分了解学生在完成项目前的学习起点。

1. 驱动问题的确定

为了解学生想解决的问题，我们设计了一份“数学问题”的问卷，以了解学生在学习和生活中“最感兴趣的数学问题是什么”。通过对收集的400多个问题进行分类、整理，我们选择出了“如何在更少的时间内看更多的动物”这一问题。选择此问题，是基于三个方面的考虑：学生感兴趣，问题具有挑战性，能指向学科能力的培养。本项目式学习的主驱动问题“如何设计参观动物园最佳路线？”就是由以上问题提炼而来。

2. 学习素材的设计

项目式学习中的问题源自现实生活，但教师在将生活情境引入教学时需进行调整和优化。结合本项目的学习主题，我们将本市动物园全景图设计为情境图。全景图内容丰富有趣、色彩鲜明，但干扰信息过多，35 个动物场馆不仅数量多且分布密集，学生不易分辨。通过访谈，我们删去了部分场馆，剩下 16 个供学生选择；同时还删去了图标说明、交通指引、修饰性图案以及外围路线等干扰信息；另外在地图中标注出了每两个场馆间行走所需时间和每个场馆停留时间（5 分钟）。在进行适当改编后，动物园全景图更加简洁、直观，将学生熟悉的生活情境进行教学化处理，形成了更符合学生实际认知水平的动物园情境图，为学生的自主探究提供了可能。

（四）分析学习路径

结合学生的学习起点以及对驱动问题的分析可知，学生需要先明确“最佳路线”的含义，充分理解规划最佳路线所需信息，进而获取信息并进行规划。只有在理解“最佳路线”含义的基础上，学生才能掌握规划最佳路线的方法。

据此，我们确定本项目式学习的学习路径：首先引导学生理解“最佳路线”的标准，包含参观时间、参观场馆的数量以及人气场馆的数量等维度；然后引导学生思考路线规划所需的信息；接着引导学生以小组为单位，初步进行路线的规划和调整；在调整过程中，要引导学生关注路线规划需要进行哪些计算，尝试设计出一条最佳参观路线；之后组织学生向同学们推荐自己小组设计的路线；随后引导学生结合对“最佳路线”的理解，投票选择班级最佳参观路线；最后让学生根据自行设计的最佳路线参观动物园，再反思交流。

（五）单元整体教学思考

1. 次驱动问题的设计

主驱动问题为“如何设计参观动物园最佳路线？”，为本项目学生的自主探究指明了方向。与之相应的次驱动问题则为学生学习提供了支架。本项目设计了五个次驱动问题：怎样的路线是你心目中的“最佳路线”？设计参观路线，你需要哪些信息？你打算如何规划最佳路线？如何计算“最佳路线”所花的时间？“最佳路线”推荐的理由是什么？其涵盖了主驱动问题中五个方面的内容要素：厘清问题、获取信息、规划路线、推理运算、解释结果。学生完成了这五个任务，就能完成主驱动问题。

2. 学习任务设计

驱动问题是课程的核心要素，学习任务则是课程活动的载体。学习任务的设计是将次驱动问题转化为学生学习的活动。在本项目中，我们结合五个次驱动问题分别设计了相应的活动（见图 4–2）（何莎，2021）。比如“厘清问题：怎样的路线是你心目中的‘最佳路线’？”对应的学习任务是“思考交流：明确什么是‘最佳’”。只有学习任务明确后，学生才有可能在任务的驱动下，通过小组合作完成一个个学习任务，进而完成整个项目。

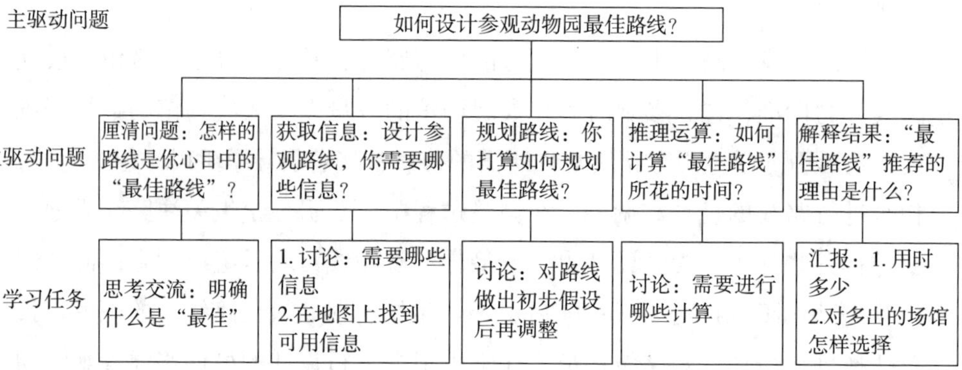

图 4–2　驱动问题与学习任务

3. 学习单设计

为了让学生更好地完成学习任务，教师还需要设计与之相适应的学习单。本项目学习单的设计所经历的过程大致可以概括为：静态的“线性”设计→动态的“弹性”设计→开放的“多元”设计（如图 4–3 所示）。最终确定的学习单将动物园情境图与参观路线图融合在一起，学生在解决问题的过程中能直观地从情境图中获得所需信息。此学习单还采用了更简便的方式，即给出空白方框，方便学生自行设计和调整路线。同时该学习单增加了“汇报单”，便于学生整理思路；另附了一页“草稿纸”，以便学生用自己喜欢的方式进行计算。

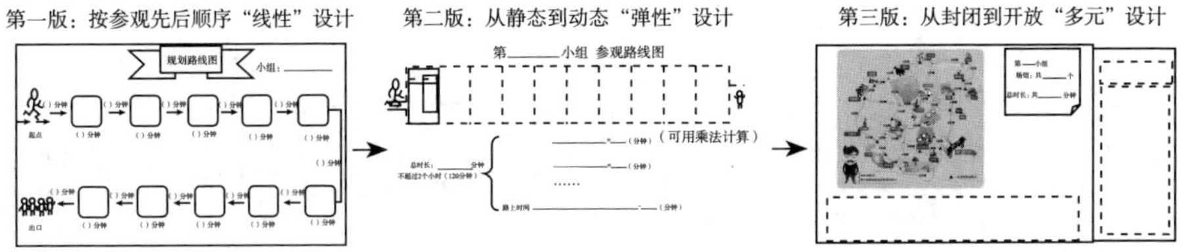

图 4–3　学习单设计过程

4. 评价框架制定

在开发小学数学项目式学习课程的同时，采用表现性评价方式建立相应的评价框架，能很好地评价学生在学习过程中的表现。本项目从评价的内容要素和水平层次进行表现性评价框架的建构。五个次驱动问题构成了评价的内容要素，并结合主驱动问题的五个要素，划分了不同的水平层次（见表 4–7）（黄蕊，2021）。

表 4–7　“设计参观动物园最佳路线”单元表现性评价框架

水平层次	内容要素（项目环节）	具体描述	赋分
水平 0	无	不知道干什么，对主驱动问题完全不理解	0 分
水平 1	厘清问题	知道“最佳”包括三个要点：时间短、参观场馆多、人气场馆多	1 分
水平 2	获取信息	充分厘清问题后，能收集与“设计最佳路线”有关的信息，包含三个要点：场馆位置、路上时间、参观时间	2 分
水平 3	规划路线	厘清问题并根据具体问题获取有效信息后，能根据自己获取的信息规划路线，包括三个要点：在规定的时间内、固定场馆、其他场馆	3 分

续表

水平层次	内容要素（项目环节）	具体描述	赋分
水平 4	运算推理	在已经规划调整好了“最佳路线”方案的基础上，能对规划的路线进行正确计算，时间的计算包括两个要点：参观时间和路上时间	4 分
水平 5	解释结果	经历了前面的四个环节后，能清晰说出自己规划设计的路线为什么是“最佳”的（须包含三个要点：时间短、参观场馆多、人气场馆多），表现出较高的解决真实性复杂问题的水平	5 分

结合以上关于小学数学项目式学习课程开发的分析，根据核心素养内涵、学习目标和学生的学情，我们最终确定了本项目式学习单元的内容课时安排（见表 4-8）及具体核心任务的设计（见表 4-9）。

表 4-8 “设计参观动物园最佳路线”优化后的单元整体安排

年级	主题	教学内容	课时安排
四年级	设计参观动物园最佳路线	明确要求：理解言驱动问题，明确“最佳路线”的要求	1 课时
		设计路线：小组合作设计出符合要求的参观路线	1 课时
		实地参观：思考实际执行与计划的不同并改进	2 课时
		反思交流：根据实地参观情况进行汇报和交流	1 课时

表 4-9 “设计参观动物园最佳路线”单元核心任务

教学内容	核心任务
明确要求：理解主驱动问题，明确“最佳路线”的要求	核心任务一：什么是“最佳路线”？ 讨论：怎样的路线会是你心中的“最佳路线”？
	核心任务二：寻找有用的信息 （1）一起来看看地图，你能从中找到什么有用的信息？ （2）把你找到的信息，在地图上标出来
	核心任务三：投票选出人气场馆 （1）可以怎么了解大家的喜好呢？ （2）在刚才 16 个动物场馆中选出你最想参观的 5 个场馆，票数最高的前 5 个场馆，就是本次活动的人气场馆

续表

教学内容	核心任务
明确要求： 理解主驱动问题，明确“最佳路线”的要求	核心任务四：明确任务 在 100 分钟内，参考同学们的喜好，安排参观场馆数量最多的路线（含观景塔拍照），该路线就是“最佳路线”
设计路线： 小组合作设计出符合要求的参观路线	核心任务一：小组合作设计路线 （1）讨论要去哪些场馆，确定所在位置 （2）设计出初步路线 （3）检验时间，增减场馆或调整路线 （4）确认最终路线
	核心任务二：小组汇报展示路线 （1）参观哪几个场馆？用了几分钟？路线是怎么走的？ （2）向同学们推荐你们小组设计的路线
	核心任务三：选出最佳路线，分析最佳原因 （1）一起投票选出我们的班级最佳路线 （2）谁能说一说这条路线为什么会被选为“最佳路线”？
实地参观： 实地参观，思考实际执行与计划的不同并改进	核心任务：实地参观 根据选出的班级最佳路线行走，并记录小组参观的场馆、时间和实际行走的路线
反思交流： 根据实地参观情况进行汇报和交流	核心任务：反思交流 （1）汇报：实际行走的路线和原计划有什么不同？你们做了什么调整？为什么这样调整？原计划的路线有什么需要改进的？ （2）反思：在整个讨论、设计、参观动物园的过程中，你有什么收获和反思？

·第五章·

跨单元结构化教学的思考

方法就是新的世界，最重要的不是知识，而是思路。

——郎加明

《课标2022年版》在“课程实施”部分指出要深化教学改革，并明确提出要推进综合学习，探索大单元教学，积极开展主题式、项目式学习等综合性教学活动，促进学生举一反三、融会贯通，加强知识间的内在关联，促进知识结构化。

《课标2022年版》也提到要“注重教学内容的结构化”，同时提倡实施大单元教学。在数学课程中，单元的编排已经体现出较强的知识关联性。然而，在以核心素养为导向的理念下，教师需要对教学内容进行更深层次的思考与关联。因为“教学内容是落实教学目标、发展学生核心素养的载体。在教学中要重视对教学内容的整体分析，帮助学生建立能体现数学学科本质、对未来学习有支撑意义的结构化的数学知识体系……通过合适的主题整合教学内容，帮助学生学会用整体的、联系的、发展的眼光看问题，形成科学的思维习惯，发展核心素养”。例如，对于小学阶段“数与运算”主题，学生在理解整数、小数、分数意义的同时，还要理解整数、小数、分数基于计数单位表达的一致性。

正如《课标2022年版》提出的，“单元整体教学设计要整体分析数学内容本质和学生认知规律，合理整合教学内容，分析主题—单元—课时的数学知识和核心素养主要表现”。在前面对四大领域的单元整体教学的思考的基础上，本章将重心更多放在如何围绕核心素养从某一内容主题整体架构层面进行教学上面。

在素养导向的教学中，结构化教学成为小学数学教学的热点。然而，在教学实践中，有些教师对于结构化教学存在一些理解上的偏差，主要表现为以教的结构化替代学的结构化。

第一节　我们需要怎样的结构化教学——小学数学学与教的结构化

2022 年 4 月,《义务教育课程方案（2022 年版）》和《课标 2022 年版》正式颁布。本次课程标准修订以核心素养为纲领，贯穿课程标准修订的全过程，统领课程标准修订的各部分，从而使课程标准的各个组成部分保持内在的一致性和统一性（余文森，2018）。基于此，结构化教学成为当前小学数学教学的热点。

结构化教学在教育学和心理学方面有广泛的理论基础，正如布鲁纳所言，“给任何特定年龄的儿童教某门学科，其任务就是按照这个年龄儿童观察事物的方式去阐述那门学科的结构”。韦特海默的格式塔心理学也提到整体不等于各部分之和，强调让学生利用基本的记忆、想象、联想、感知、体验等途径对学科知识进行由浅入深的学习。皮亚杰的认知结构理论认为学习的本质就是同化与顺应，奥苏贝尔的有意义学习理论也提出学习需要关注学习对象的上位概念与下位概念。作为西方最具代表性的教学理论流派，结构主义具有以下特征：强调“整体”和“关系”，这是结构主义的最基本特征；将认识结构化（模式化）；在研究方法上强调分解与化合；注重探究事物结构的层次（李臣之 等，2012）。

然而，“结构化”是一个语意颇丰的词语，可以有不同层次的解读。例如，施瓦布就指出了学科知识的三种结构，除了不同学科间的组织结构外，还有学科内的实质结构和句法结构。其中，实质结构是指学科领域的观点、事实与概念及这三者间的相互关系，以及学科的概念结构和概念组织的原理；句法结构是指探究学科的方法，包括如何取舍优劣、创造及评量新知识，关注的是事实的分辨、鉴定、证明及应用的规则，例如学科领域的重要观念与技能是什么。可以认为，实质结构更多关注学科内容本身的结构化，而句法结构更多关注学生学习过程的结构化。因此，结构化教学的探讨需要同时关注知识内容和学习过程两个方面的结构化。

此外，教师还需要从学与教两个角度来思考如何真正实现学生的结构化学习。例如，从学的角度而言，“结构化既体现在内容的结构性上，也体现在数学思想方法的结构性上；既体现在知识系统的结构性上，也体现在学生认知过程的结构性上；既体现在老师课堂结构、板书形式的结构化上，也体现在学生思维结构化的孕育和发展上”（朱俊华 等，2021）。从教的角度而言，结构化要求教师能够从宏观整体的角度进行教学设计，以学生已有的经验与知识为基础，为学生架构所学内容之间的桥梁，最终形成有章可循的体系，使学生能整体理解数学概念、掌握数学方法、形成数学素养。

一、学的结构化：基于学生认知基础的结构生长

若要真正实现有效的结构化教学，教师需要基于学生的认知基础，顺学而教。真正的结构化不是由教师教给学生的，而是让学生真正形成自身的认知结构并实现生长。例如，《课标 2022 年版》中有一个重要的提法：感悟数的运算以及运算之间的关系，体会数的运算本质上的一致性，形成运算能力和推理意识，也就是把握“运算一致性”。加减法运算的一致性体现为：相同计数单位上的数字相加减，计数单位不变；乘除法运算的一致性体现为：计数单位与计数单位相乘除，计数单位上的数字与计数单位上的数字相乘除（巩子坤 等，2022）。其中关于加减法的描述很好理解，无论是整数、小数还是分数的加减法，老师们在教学时，都是从计数单位个数运算的角度来引导学生理解算理并掌握算法的。但是，对乘除法运算一致性的描述，却引发了一定争议，让不少老师无所适从。以小数乘法 $0.3\times0.8=0.24$ 为例，算理为 $(3\times0.1)\times(8\times0.1)=(3\times8)\times(0.1\times0.1)=0.24$，即计数单位 0.1 和 0.1 相乘得到新的计数单位 0.01，计数单位的个数和个数相乘得到新的个数 24，合起来就是 24 个 0.01。对于整数乘法（如

300×20）和分数乘法$\left(\text{如}\frac{2}{3}\times\frac{3}{5}\right)$，算理均可如此表达（赵莉 等，2022）。然而，依据现行教材，对 0.1×0.1=0.01 该如何解释？之前在“小数的意义”的教学中，教师对 0.01 的产生并没有强调这样的过程，而$\frac{1}{10}\times\frac{1}{10}$的教学还在后面。另外，学生在学习 30×20 时，还未学习乘法结合律，如何更好地理解 30×20=（3×10）×（2×10）=（3×2）×（10×10）？到了除法的学习，更是如此。例如有老师在教学小数除法时，一定要求学生采用以下的方式：0.6÷0.03=（6×0.1）÷（3×0.01）=（6÷3）×（0.1÷0.01）=2×10=20，这样的方式显然对小学生来说并不友好，他们更熟悉的是将其转化为 60÷3 来计算。而且，如果按照这样的方法，当学生遇到 0.3÷0.06 的时候，该怎么解决？如果变成（3÷6）×（0.1÷0.01），学生还需要再去处理 3÷6，这显然是舍近求远，并且最后的结果变成 0.5 个 10，也不易理解。从算理本质的角度而言，这样的方式是正确的，也符合施瓦布所言的实质结构；然而，从学生如何更好地理解算理并掌握算法的角度而言，这样却未必符合学生学习的句法结构。

事实上，从学的结构化而言，运算的一致性并不是一定要学生以某种固定的方式来“一致地”计算，而是要引导每个学生学会一致性地思考问题。因此，学生在学习运算时需要一以贯之地做到两个方面：一是运算要基于对数的意义的理解，即数的本质都是多少个计数单位；二是得到运算结果的方式，都是先确定单位再确定单位个数。而确定单位的方式并不唯一：可以是直接确定单位，比如 40×2 是“4 个 10”乘 2；也可以是对单位计算后得到新单位，比如小数相乘与分数相乘；还可以是经过多次计算确定不同单位，比如计算除法时，需要在每一个单位上分别进行计算和转化。此外，在计算中学生还可以灵活运用运算性质与策略。因此，对于运算的一致性，教师仍然需要引导并鼓励每个学生形成自己的理解。不同人的理解角度可以不同，但是每个人需要努力实现自身理解的逻辑一致性。

例如，在“分数除法”这个单元中，学生首先要更好地理解作为度量意义的分数。以$\frac{4}{5}$为例，学生需要认识到其意义不仅是把一个或一些事物平均分成 5 份后取其中的 4 份，也可以看成是以 $\frac{1}{5}$ 为单位度量 4 次后的结果，即 4 个 $\frac{1}{5}$。教师要在此基础之上，建构符合学生认知结构的学习路径。在分数除以整数的教学中，教师要引导学生以等分的模型进行理解，如 $\frac{4}{5}\div 2$ 就是将 4 个 $\frac{1}{5}$ 平均分成 2 份，结果为 2 个 $\frac{1}{5}$，即 $\frac{2}{5}$；遇到 $\frac{3}{5}\div 2$ 这样不能均分的，则引导学生运用分数的基本性质转化为 $\frac{6}{10}\div 2$。而到了除数为分数的除法时，学生则可以以包含的意义来理解，如 $\frac{6}{8}\div\frac{2}{8}$ 可理解为“6 个 $\frac{1}{8}$”中含有多少个“2 个 $\frac{1}{8}$”，也就是 6 里面有几个 2，因此 $\frac{6}{8}\div\frac{2}{8}=6\div 2=3$；如果是异分母的情况，学生需要先将计数单位变为相同的之后才可以用包含的方式来相除，因此需要通分。在经历等分和包含两种意义，真正理解算理之后，学生还需要思考如何使用运算策略，即在计算除数为分数的除法时，还可以思考如何将其转化为已经学过的分数除以整数的除法，从而实践运用商的变化规律。例如，$\frac{4}{5}\div\frac{2}{3}=\left(\frac{4}{5}\times 3\right)\div\left(\frac{2}{3}\times 3\right)=\frac{12}{5}\div 2=\frac{6}{5}$；或者可以将除数化为 1，$\frac{4}{5}\div\frac{2}{3}=\left(\frac{4}{5}\times\frac{3}{2}\right)\div\left(\frac{2}{3}\times\frac{3}{2}\right)=\frac{4}{5}\times\frac{3}{2}$，这也就是“除以一个数，等于乘这个数的倒数”。

因此，就“分数除法”这个单元而言，真正的结构化是学生基于对分数意义的理解，用符合自己认知的方式建构对算理的理解，并能进一步思考如何运用运算策略，最后得出计算方法。这样的学习方式跟所有运算的学习一致，这才是在学生的认知基础上生长出来的认知结构，而不是由教师“教”给学生某种“结构化”的方法，要求学生必须以这样的方式来计算。

二、教的结构化：关注教学方式和内容的一致性

《课标 2022 年版》中明确提出，要“改变过于注重以课时为单位的教学设计，推进单元整体教学设计，体现数学知识之间的内在逻辑关系，以及学习内容与核心素养表现的关联。单元整体教学设计要整体分析数学内容本质和学生认知规律，合理整合教学内容，分析主题—单元—课时的数

学知识和核心素养主要表现，确定单元教学目标，并落实到教学活动各个环节，整体设计，分步实施，促进学生对数学教学内容的整体理解与把握，逐步培养学生的核心素养”。然而，教的结构化并不是老师将成人视角下“应有的”结构“告知”学生，而是必须同时考虑内容的整体关联与学生的学习经验。例如，为了让学生更好地体会运算意义，加强对四则运算的关联，体会减法是加法的逆运算、乘法是加法的简便运算、除法是乘法的逆运算，有老师在二年级学生学习完四则运算之后，专门增加一节“加减乘除是一家”这样的课，帮助学生梳理四则运算之间的关系。这样的教学可以认为是教的结构化的一种方式。但事实上，像这样关联起来的四则运算之间的关系，更多的是一种教师所教的知识，并不是学生在真正理解之后自主建立起来的结构。

如果说学的结构化更多关注学生学习和理解数学的路径，那么教的结构化则更强调教师在教学时要整体思考，做好对内容的思考的前后关联，并形成教学方式上的一致性。因此，教师需要从教学内容和教学方式两方面来思考教的结构化。

首先是教学内容的结构化。例如，理解算理是小学阶段所有运算教学的核心目标，是算法的依据，也是后续运算策略形成的基础。但是，学生对算理的理解不是一步到位的。总体而言，算理理解的水平可以有以下层次：水平 1，理解数的意义，即理解数的组成与算式的意义；水平 2，表征计算过程，即能用自己的方法计算并对过程进行表征和描述；水平 3，识别比较方法，即能识别不同的方法并进行比较；水平 4，提炼基本方法，即能在比较联系中发现相同本质，提炼通法（章勤琼 等，2021b）。上述算理理解的四个层次，可适用于所有运算的算理课，因此，教师对运算教学的模式也可以进行迁移。以“小数乘整数”一课为例，教师可以思考如何从一节课发展到一类课，构建算理理解教学的一般路径（王圣昌 等，2022）。

其次是教学方式的结构化。对于教学内容，教师要有整体的把握，能够帮助学生以一以贯之的方式来学习每一部分内容。比如，“运算能力”是小学阶段需要落实的核心素养，其中有一个内涵为“明晰运算的对象与意义”。从教的结构化出发，教师需要认识到，加减乘除四则运算的意义是与这一核心素养内涵有联系的知识内容。因此，虽然这些内容分散在小学数学教材的不同单元中，但是在教学中教师需要将它们放在一起思考，都需要指向“明晰运算的对象与意义”的落实，目标定位一致，所采取的教学方式也应该一致。在教学中，教师都需要让学生经历识别情境、提出问题、提取并关联数学信息的过程，在此基础上用多种方式表征情境信息，列出算式并进行阐释，提炼基本运算模型，再进一步运用算式解决更多数学问题。这样的教学能让学生经历从现实到数学的过程，真正明晰运算的对象与意义，最后真正落实“运算能力”这一核心素养。这可以成为运算意义教学的一般路径，也是所有数学教学都需要让学生经历的数学化过程。再如，如果对“量感”的具体内涵进行分析，我们可以看出其主要包含以下内容：度量的意义（对度量概念的理解）、度量单位及其转化、度量结果的计算与估计、运用度量解决实际问题。以度量的意义为例，我们可以形成认识度量对象的教学的一般路径，以比较大小为主线，通过创设多种活动，引领学生形成“对事物的可测量属性及大小关系的感知”，只是具体的形式不同。这样的学习经验和思考方式的形成对学生量感的发展至关重要，也体现了教学内容的结构化（章勤琼 等，2022a）。例如认识面积时，教师可以从以下几个层面引导学生展开：第一，初步认识面积的属性，知道“面”在哪里；第二，会用观察、重叠、剪拼等直接比较的方法来比较两个图形面积的大小；第三，无法通过直接比较确定两个图形面积的大小关系时，产生描述图形大小的需求，并能想到用小正方形作为度量单位来度量图形的面积。

从更高的层次而言，教的结构化还体现在落实核心素养导向的教学中，教师可以思考一般化的教学途径。例如，为了更好地落实与评价核心素养，教师需要基于课程标准，实现“学—教—评”一致性，要首先明晰核心素养内涵，确定学习目标；然后基于学习目标，在分析了学生的学习起点后，设计学习任务；再依照学习任务进行教学实施；最后制定适当的评价框架，对学生的学习进行分析，并反思改进教学。这样，教师才能帮助学生建立能体现数学本质、对未来学习有支撑意义的结构化数学知识体系。这也是如何能更好地将课标中提到的核心素养落实到教学中的实践路径（章勤琼 等，2022c）。

第二节　结构化教学的案例：除法教学的跨单元思考

从学与教的结构化的视角来看，教师除了需要按照教材上的单元进行整体教学之外，还需要思考如何能以更“大”的单元进行教学。具体而言，在小学阶段，教师需要有跨单元整体建构教学的思考。正如《课标 2022 年版》所言，“在教学过程中，不仅要注重具体内容与核心素养之间的关联，还要注重内容主线与核心素养发展之间的关联”。这样，教师就需要首先考虑某个内容主题的共性本质，同时思考其在不同阶段对发展学生的核心素养有哪些不同的侧重点。

以除法为例，除法竖式在形式上与其他运算不同，这对很多小学生来说，掌握起来并不容易。不少学生最早接触除法竖式时，并不理解除法竖式每一步所代表的意义，甚至可能会出现如图 5-1 所示的错误迁移的例子。

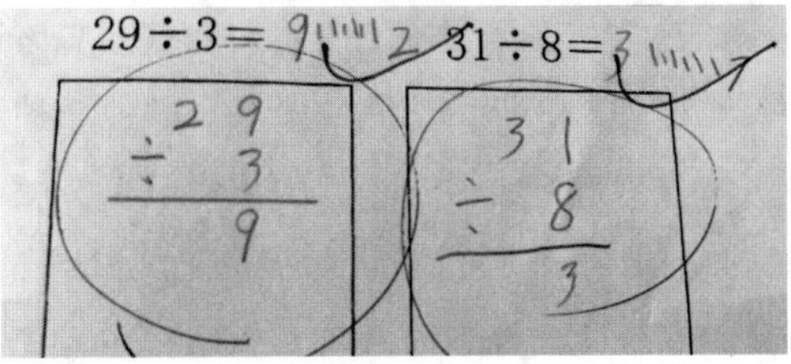

图 5-1　除法竖式错例

事实上，除法的本质是不断地对不同单位的总数进行平均分的过程，对某个单位的数量分了之后再对剩余的进行转化，与未分的单位的数量进行合并以后再重复这样的过程（章勤琼 等，2019）。这也解释了为什么除法竖式和其他三种运算的竖式的形式不一样，即因为加法、减法和乘法都只涉及参与运算的两个数以及运算结果，但除法还要涉及余数以及对余数的转化处理，所以必须要采取这种可以连续进行记录的方式。除法竖式中共有四个关键的步骤：第一，平分并记录下每组获得的数量；第二，记录下已经分掉的数量的总和，这里的数量需要通过乘法来计算得出；第三，记录下还剩余部分的数量，这里需要通过减法来获得这个数量；第四，将剩余的部分转化为较小的单位，并与已有的较小单位进行合并，在下一栏记录下新的数量总和（小学数学课程教材研究开发中心，2015）。这四个关键步骤其实就是要回答这么几个问题：分什么？分多少份（每份分多少）？每份分多少（能分多少份）？分出去了多少？还余下多少？余下的怎么办？

除法竖式在小学一般有四个不同阶段的内容：表内除法、两位数除以一位数、多位数除以两位数以及小数除法。同样是要落实对除法过程的记录，这几个阶段各有不同的侧重点。在刚学习除法竖式时，学生需要理解用竖式记录除法过程的合理性。到两位数除以一位数的时候，教学有两个侧重点：一是不同的分的方法，是从低位开始分还是从高位开始分；二是余数的处理，高位上的余数要乘 10 和下一位合起来继续分。到多位数除以两位数的时候，学生需要学习如何试商和调商。到小数除法的时候，学生则需要思考如何将整数除法中直接留下来的余数继续进行单位细分的问题。

教师如果没有处理好运算教学每个阶段的侧重点，将会直接影响学生接下来的学习。如在第一次学习除法竖式时，教师应该让学生准确理解除法竖式为什么是这样列的，即因为除法竖式和其他三种运算的竖式都不一样。让学生理解其合理性并不容易，教师应当注重引导学生将竖式作为计算过程的记录，而不是让学生对计算的形式进行记忆和模仿。

因此，在除法教学中，教师需要首先强调对除法含义的理解，并整体思考除法竖式相关内容的教学，遵循运算教学中情境、操作与过程记录的统一，理解算法与算理的关系。教师既要在所有不同内容的除法竖式中都体现出这是对分的过程的记录，又要能在不同单元中体现出学生理解并掌握除法竖式的不同阶段的侧重点。

一、“表内除法（一）”单元：如何理解除法运算含义

“表内除法（一）”是学生在小学阶段第一次学习除法的单元，旨在让学生理解除法意义、学会用乘法口诀求商，是小学阶段“数的运算”内容中较为基础和核心的内容之一。但在实际教学中，教师对于除法意义内涵的理解不准确，导致教学出现一些偏差，比如侧重“等分除”而弱化“包含除”，不利于学生进一步学习有关小数除法和分数除法的知识；还比如更加注重学生运算的正确率，而忽视了对除法算式意义的理解。为了更好地在教学中帮助学生理解除法运算意义，我们现基于学习路径分析的研究框架，从单元整体教学的视角出发，优化“表内除法（一）”的单元教学。

（一）明确素养导向的学习目标

1. 明晰核心素养内涵，确定核心目标

表 5-1 “表内除法（一）”单元核心素养内涵及关联内容

运算能力	能够明晰运算的对象和意义，理解算法与算理之间的关系
学段目标	能进行简单的整数四则运算，形成初步的数感、符号意识和运算能力
内容要求	在具体情境中，了解四则运算的意义，感悟运算之间的关系；探索乘法和除法的算理与算法，会简单的整数乘除法
学业要求	能描述四则运算的含义……能熟练口算表内乘除法，形成初步的运算能力
教学提示	在具体情境中，启发学生感悟除法是乘法的逆运算；在教学中活动中，始终关注学生运算能力和推理意识的形成与发展
学业质量	能描述四则运算的含义，能进行简单的整数四则运算

分析表 5-1 和“表内除法（一）”的单元内容可知，本单元的学习目标基本为以下四个：（1）理解平均分的含义；（2）理解除法运算的含义；（3）能结合乘除法的关系，正确选择乘法口诀求商；（4）会根据除法等四则运算的意义解决实际问题。其中前三个是本单元的核心目标。

2. 分析核心目标，提炼具体表现

确定单元核心目标后，我们需要结合核心素养的内涵进一步将核心目标具体化，提炼具体表现，并厘清学生掌握核心目标内容的水平层次，将核心素养的主要表现体现在教学要求中，指导具体的教学行为。根据对平均分含义、除法运算含义理解的不同层次，我们进一步对以上三个核心目标做如表 5-2 所示的具体分析。教师可以根据具体化后的表现性目标来设计和组织教学。

表 5-2 “表内除法（一）”单元核心素养导向下核心目标的表现性目标

核心素养内涵	核心目标	表现性目标
1. 能够明晰运算的对象和意义 2. 理解算法与算理之间的关系	理解平均分的含义	1. 分东西时，能把每份分得同样多
		2. 能用语言或图示描述平均分两种分法的过程和结果
		3. 能理解两种分法的本质都是把一个整体分成了若干相同的部分
	理解除法运算的含义	1. 能用除法算式表征等分和包含的两种情况，并能将算式中的数与平均分的过程和结果对应
		2. 能用语言准确地描述等分除和包含除的含义
		3. 能理解等分除和包含除的联系和区别，既能看到平均分的方法的不同，又能看到每份同样多都是平均分、都可以用除法表示
	能结合乘除法的关系，正确选择乘法口诀求商	1. 能结合情境中的数量关系，列出除法算式
		2. 能根据乘除法之间的关系，选择正确的乘法口诀求商

（二）确定学习起点

1. 理解除法运算含义的水平层次划分

为使学生真正理解除法运算的含义，我们要对学生对这部分内容的理解程度做评价，明晰其所处的水平。除法运算含义的理解涉及学生对数学

内容的理解与认知水平，适合采用 SOLO 分类理论对其不同水平层次进行区分并描述，据此我们把学生思维由低到高分为五个不同的层次：（1）前结构；（2）单一结构；（3）多元结构；（4）关联结构；（5）抽象拓展结构（蔡永红，2006）。

基于 SOLO 分类理论，在前结构层次中，学生无法对平均分有任何理解，因此学生除法运算含义理解的四方面内容，分别对应了 SOLO 分类理论的后四个层次（如表 5-3 所示）。学生平均分时选择的方法不同，思维水平亦不相同（阳海林 等，2021）。

表 5-3　除法运算含义理解表现性评价框架

水平层次	内容要素	具体描述	赋分
水平 0	无	不能正确判断平均分的情况	0
水平 1	理解平均分	能正确判断平均分，知道平均分是每份一样多，并能说出总数、份数、每份数	1
水平 2	能用算式表征等分或包含	能用除法算式描述等分和包含的情境图，能将数字和图进行对应	2
水平 3	理解等分除和包含除的含义	能用除法算式描述等分和包含的情境图，能将数字和图进行对应，并能正确描述算式的含义	3
水平 4	理解等分除和包含除的区别和联系	能理解等分和包含的区别与联系，即等分是知道总数和份数，求每份数；包含是知道总数和每份数，求份数；但两者都是平均分，都可以用除法表示	4

结合此评价框架，我们就可以清晰反馈学生理解除法运算含义的情况，并据此指导和改进教学。

2. 确定学习起点

在确定学习起点的时候，我们对学生进行了前测，结合学生理解除法运算含义的四个方面的表现，设计了四道前测题，从而了解学生的理解水平。比如，其中一道题考查的是学生关于等分除的理解情况，学生需要先用图表示出把12平均分成3份的过程，然后用算式表示分的过程和结果，最后用语言描述算式的含义，对应的是表5-3中水平2和水平3。

对除法运算含义理解前测结果（见表5-4）进行分析，我们可以发现所有学生能正确判断出平均分；有56.7%的学生处于水平2，即能用算式与“等分”或是“包含”的图式相对应，但不能将图式与符号表征转换为语言表征；处于水平3和水平4的学生都比较少，说明大部分学生不能用语言正确描述“等分”和“包含”的含义，更不能理解“等分”和“包含”的联系和区别。

表5-4　除法运算含义理解前测结果

	内容要素	人数	百分比
水平0	无	0人	0.0%
水平1	理解平均分	7人	23.3%
水平2	能用算式表征等分或包含	17人	56.7%
水平3	理解等分除和包含除的含义	4人	13.3%
水平4	理解等分除和包含除的联系和区别	2人	6.7%

学生对于等分除和包含除的含义理解有差异，在理解包含除的情况上存在困难，认为“总数”只能除以“份数”，缺乏“包含”的生活经验。另外，学生虽然会用乘法口诀求商，但不能结合平均分的过程得到除法算式的结果，且不能解释这样做的道理。

（三）单元整体教学思考

我们结合单元学习目标和学生的学习起点，对教材内容进行了优化整合，以更好地帮助学生理解除法运算的含义。

教材在“表内除法（一）”单元关于除法运算含义的理解安排了5道例题、6个课时。其中，对平均分的学习分3个课时，分别学习平均分的含义、等分和包含；对除法的学习分2个课时，先后学习等分除和包含除。

这样的安排可能不利于学生整体理解平均分的含义，有可能会让学生对等分除有先入为主的印象，不利于包含除的学习，容易导致学生忽视等分与包含的联系与区别。

关于这部分内容的整体教学我们有以下几点思考：①将平均分的认识与两种分法放在同一节课学习，让学生对于平均分有整体的认识；突出对平均分方法的掌握，并让学生认识到“包含”也是平均分的一种。②在练习中，进一步引导学生体会“等分”与“包含”的联系与区别。③将除法的两种模型放在同一节课认识，因为两个例题的呈现方式是一致的，都是动作表征—图示表征—语言表征—符号表征；加强算式与平均分过程和结果的对应。④在练习中突出除法两种模型的联系与区别。（见表 5-5）原来教材安排 6 课时的内容，调整后只用 4 课时，剩余的 2 课时可以用于优化后的“表内除法（一）”单元的梳理和拓展。

表 5-5 “表内除法（一）”优化后的单元整体安排及目标

例题	教学内容	课时目标	水平层次
例 1 例 2 例 3	平均分、等分、包含	1. 结合具体分物的情境和操作过程，认识平均分的两种情况 2. 能用语言和图示表征分的过程和结果	指向评价框架中的水平 1，积累平均分的直观表象，掌握平均分的方法，理解平均分的内涵
练习二	平均分的练习以及两种分法的联系与区别	1. 在不同表征转化的练习中，进一步理解平均分 2. 理解等分和包含的联系与区别	
例 4 例 5	等分除、包含除	1. 经历用算式表示等分和包含的再创造过程，理解除法的含义 2. 认识除法算式各部分的名称，并能将除法算式中各部分与平均分的过程和结果对应	指向评价框架中的水平 2 和水平 3，能用除法算式表征平均分的图式，理解除法算式的含义
练习三	除法的练习以及两种模型的联系与区别	1. 体会平均分与除法含义的本质 2. 加强对平均分两种情况直观图的认识 3. 能用不同方式表征除法算式的含义，强化符号表征与图形表征的相互转化	指向评价框架中的水平 4，能区分除法两种模型的联系和区别

（四）教学后测与分析

在按上述思路完成“表内除法（一）”的教学后，我们对学生的学习过程进行了再次评价（见表5-6），以了解学生在算理理解水平上的发展情况。

表 5-6　除法运算含义理解前、后测结果对比

水平层次	内容要素	赋分	前测（平均分 2.03 分）[二（2）班]		后测（平均分 3.18 分）[二（3）班]	
			人数（30人）	百分比	人数（39人）	百分比
水平 0	无	0	0 人	0.0%	0 人	0.0%
水平 1	理解平均分	1	7 人	23.3%	2 人	5.1%
水平 2	能用算式表征等分或包含	2	17 人	56.7%	7 人	17.9%
水平 3	理解等分除和包含除的含义	3	4 人	13.3%	12 人	30.8%
水平 4	理解等分除和包含除的联系与区别	4	2 人	6.7%	18 人	46.2%

两个平行班级在前、后测中表现出的除法运算含义理解水平有明显差异（2.03 分对 3.18 分），而且在后测中处于水平 3——理解等分除和包含除的含义的学生占 30.8%，处于水平 4 的学生占 46.2%，说明通过单元整体教学设计，注重将“等分”和“包含”两种情况放在一起教学并引导学生在比较中发现两者的联系和区别的教学策略是有效的。但是，还有 17.9% 的学生只能理解和表征除法的一种模型，教师还需要在学生对“表内除法（二）”的学习中继续深化教学。

二、“有余数除法”单元：如何加强竖式记录与除法意义的关联

除法的本质是不断地对不同单位的总数进行平均分的过程，对某个单

位的数量分了之后对剩余的进行转化，与未分的单位的数量进行合并，然后再重复这样的过程（章勤琼 等，2019b）。因此，除法竖式需要记录每次平均分的过程——“分什么？要分多少份（每份分多少）？每份分多少（能分多少份）？分了多少？还余多少？”五个步骤。如果有不同单位的多次均分，竖式还需要处理“余下的怎么办”的问题，并继续记录这一过程。这样的除法竖式不仅是记录计算的过程，还与整个算理理解和思考过程对应（章勤琼 等，2019）。在“有余数除法”单元教学中，教师容易忽视竖式记录的关联性，即没有做好情境意义、计算过程与竖式记录的关联，导致学生停留在浅层次的程序化记忆上，失去了理解除法竖式的合理性与深化理解除法意义的机会。在教学时，该如何帮助学生进行有意义的竖式记录，进而理解除法竖式的合理性，明晰除法意义呢？ 接下来，我们基于学习路径分析，对本单元进行整体教学的思考。

（一）明确素养导向的学习目标

1. 明晰核心素养内涵，确定核心目标

结合《课标 2022 年版》中对“有余数除法”单元核心素养内涵及相应的学业目标、内容要求、学业要求以及学业质量与教学提示的相关描述，我们整理制订了表 5–7，教师可以借此来分析核心素养与单元内容的关联。

表 5–7 “有余数除法”单元核心素养内涵及关联内容

运算能力	能够明晰运算的对象和意义，理解算法与算理之间的关系
学段目标	能进行简单的整数四则运算，形成初步的数感、符号意识和运算能力
内容要求	在具体情境中，了解四则运算的意义，感悟运算之间的关系；探索乘法和除法的算理与算法，会简单的整数乘除法
学业要求	能描述四则运算的含义，能熟练口算表内乘除法，形成初步的运算能力
教学提示	在具体情境中……感悟除法是乘法的逆运算；在教学活动中，始终关注学生运算能力和推理意识的形成与发展
学业质量	能描述四则运算的含义，能进行简单的整数四则运算

分析表 5-7 和“有余数除法”的单元内容可知，本单元的学习目标基本为以下四个：（1）理解有余数除法的含义；（2）理解余数与除数的关系；（3）理解除法竖式的合理性并掌握除法竖式的列法；（4）会解决与有余数除法相关的实际问题。其中，前三个目标是本单元的核心目标。

2. 分析核心目标，提炼具体表现

确定核心目标后，我们需要将核心目标具体化，提炼具体表现，并形成水平层次，这样才能真正在每一节课中指导教学行为。在制订具体表现性目标时，我们根据对运算意义的理解以及利用竖式记录计算过程的不同层次，进一步对以上三个核心目标做具体化分析，形成核心素养导向下核心目标的表现性目标（见表 5-8）。教师可以根据表现性目标来设计和调控教学。

表 5-8　“有余数除法”单元核心素养导向下核心目标的表现性目标

核心素养内涵	核心目标	表现性目标
能够明晰运算的对象和意义，理解算法与算理之间的关系	理解有余数除法的含义	1. 能理解平均分后有剩余的情境
		2. 能用自己的方法（算式）表征分的过程并与情境对应
		3. 能在理解并比较不同方法的基础上用有余数除法表征情境，并理解各部分的含义
	理解余数与除数的关系	1. 能将情境意义或活动操作与算式关联，说明余数与除数的实际含义
		2. 能结合情境意义或活动操作，理解余数要比除数小的实际意义
		3. 根据有余数除法的意义，理解余数比除数小的道理
	理解除法竖式的合理性并掌握除法竖式的列法	1. 能结合情境意义和分的过程，创造竖式进行记录
		2. 能结合情境，以横式对应为标准，对写出的竖式进行解释
		3. 能理解除法竖式的合理性，理解竖式各部分的含义

（二）确定学习起点

根据具体化目标，学生对平均分的过程和除法含义的理解是本单元的学习基础。因此，我们设计了两道表现性评价的题目，对二年级 41 名学生进行测试，并根据 SOLO 分类理论对学生的答题情况进行水平层次的分析。

测试题 1：将 50 颗糖果平均分给 4 个人，你每一次是怎么分的？请你用图或文字等方法把分的过程清楚地记录下来。

本题考查学生对“有剩余的平均分过程”的理解情况。我们根据学生的表现进行了 4 个水平层次的划分，测查结果如表 5-9 所示。

表 5-9　“有剩余的平均分过程”理解水平前测结果

水平层次	划分依据	具体表现	百分比
水平 0	只关注单个信息	只表示出总数 50	12.20%
水平 1	只关注总数和份数，无法关联关系	表示出 50 和 4，但没有办法均分	7.31%
水平 2	对平均分有一定的了解，但无法进行全面联系	（1）10 个 10 个分，无法再分剩余的 10 个 （2）1 个 1 个分，将剩余的 2 个也依次分，没有做到每份同样多 （3）丢失剩余部分	31.71%
水平 3	能整体把握信息解决问题	能正确表示总数、份数、每份数和剩余部分	48.78%

测试题 2：算式 12÷4=3 中的 12 表示 12 个苹果，这个算式可能解决什么问题？请写出你觉得可能的不同问题。

本题考查学生对“除法含义”（包括等分和包含）的理解情况。学生的表现可分为 4 个水平层次，测查结果如表 5-10 所示。

表 5-10 “除法含义”理解水平前测结果

水平层次	划分依据	具体表现	百分比
水平 0	只关注单个信息	12 个苹果平均分给 2 个人、3 个人……	9.76%
水平 1	关注信息但无法正确表达关系	12 个苹果平均分给 4 人，12 个苹果平均分给 3 人……	46.34%
		写出把 12 个苹果平均分给 4 人，但表征时平均分成 4 份和 3 份	
水平 2	信息关联正确，只表示出一种除法的含义	只表示出等分或只表示出包含	19.51%
水平 3	信息关联正确，能表示出两种除法的含义	能正确表示出等分和包含	24.39%

由前测结果可以看出，约 20% 的学生（表 5-9 中水平 0 和水平 1）对有余数除法的均分过程的理解存在困难，因此，教学过程中教师需要适当提示，以明晰学生的思维过程；约 56% 的学生（表 5-10 中水平 0 和水平 1）对除法的两种含义理解不足，因此，在教学时教师要建立情境意义和运算过程的对应关系，促进学生对除法含义的理解。

（三）分析学习路径

基于学习起点和具体化学习目标，学生在学习“有余数除法”时会经历以下的学习路径。

首先，认识余数，理解有余数除法的含义。教师借助分小棒的过程引导学生探索“分什么？要分多少份（每份分多少）？每份分多少（能分多少份）？分了多少？还余多少？”来直观理解运算意义，在此基础上让学生尝试用自己的方法表征运算的过程，在对比交流中弄清分的过程与算式的关联，认识余数，结合情境或操作活动说明有余数除法的含义。

其次，认识余数与除数的关系。借助分小棒的过程，教师让学生直观理解余数与除数的实际含义，在此基础上尝试不操作直接往下算，暴露错误，然后结合操作活动或情境，说明余数要比除数小的实际意义。在对比、观察中，学生根据有余数除法的含义，理解“余数要比除数小”的道理。

再次，结合操作活动和横式计算过程，尝试将之前的操作过程用竖式进行记录；再结合分的过程，以是否与分的过程对应，对写出的竖式进行筛选和排除，进而理解有余数除法算式每一步计算的实际含义。教师通过有余数除法的算理促进学生对除法竖式的理解，从而帮助学生弄清除法竖式为什么这么列，反过来又能深化学生对算理的理解，做到算理与算法相容。

最后，借助已有的知识经验，在解决问题的过程中，结合情境对有余数除法的含义产生进一步理解。

（四）核心课时任务设计

运算教学要强调理解算理和算法之间的关联。以“除法竖式”这一课时为例，要理解除法竖式记录的合理性，就要在理解算理的基础上，有效关联情境、计算过程和竖式记录。该课时具体教学任务如下。

首先，教师出示任务——“13 根小棒，每 4 根为 1 组，结果怎样？”，让学生画一画，并写出除法算式。在这个任务中，教师需要借助情境，帮助学生直观地理解平均分的过程，并将分的过程与除法横式建立联系，为学生能够根据情境和除法横式写出除法竖式做铺垫。

其次，教师结合情境意义，让学生尝试用竖式记录平均分的过程，并鼓励学生写出不同形式的除法竖式；再引导学生结合平均分的过程及除法横式的含义，对写出的除法竖式进行筛选和排除（章勤琼 等，2022b）。例如，学生可能会写出如图 5-2 所示的三种竖式。教师要引导学生结合前面平均分的过程，全面观察除法竖式记录过程，从而发现方法（1）只记录了“分了 3 组”，而缺少了“还剩 1 根”，导致记录的过程不完整；再分析方法（2），寻找竖式记录的五个步骤“分 13 根，每份 4 根，分成 3 份，分出去了 12 根，还余 1 根”，辨析方法（2）中是否记录下“分出去了 12 根”的内容，从而理解“分出去了的 12 根”是思维过程中必不可少的一部分；之后对比方法（2）和方法（3），理解把“分出去了12根”记录下来才能与之前分的过程真正对应起来。学生经历这样的对比和分析过程，才能理解除法竖式记录的合理性，从而更好地理解除法的运算过程。

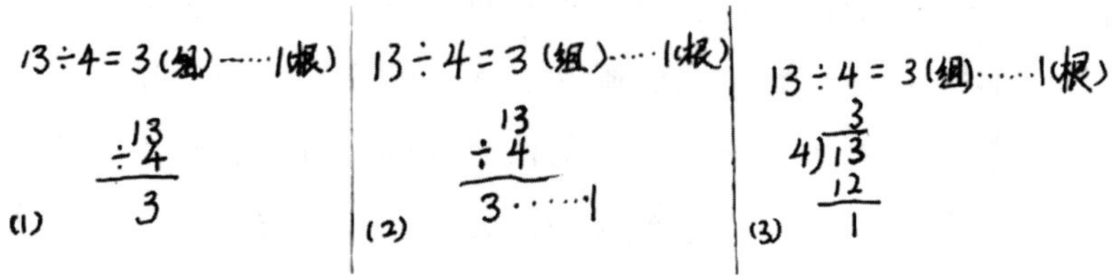

图 5-2　“13÷4”的不同竖式记录

最后，教师关联情境意义、计算过程和竖式记录，让学生理解除法竖式各部分的含义。通过“有余数除法”的教学，教师在学生充分理解了除法竖式的合理性之后，再让他们尝试解决没有余数的除法的问题，并用竖式记录计算过程，从而帮助学生直观地理解算理，将计算过程和竖式记录进行对应，理解除法竖式各部分的实际意义。

三、“两、三位数除以一位数”单元：如何理解算法与算理的联系

《课标2022年版》指出，运算能力的内涵之一是“能够明晰运算的对象和意义，理解算法与算理之间的关系”。算法指的是计算的方法，算理指的是计算的道理，两者相辅相成、相互联系。理解了算理，学生能更容易掌握算法；掌握了算法，也有利于学生对算理的理解。只有将算理、算法融合起来，学生的计算能力才能真正得以提高。

“两、三位数除以一位数”单元是小学阶段整数除法的第二个知识模块。纵观北师大版小学数学教材，整数除法主要分为三个教学阶段：表内除法的运算和应用、除法口算和除法笔算及应用、三位数除以两位数的除法笔算及应用。在第一阶段学生主要学习表内除法和有余数的除法，通过乘法口诀计算结果，同时需要理解除法竖式的合理性。在第二阶段重点是学习两、三位数除以一位数除法，学生需要进一步掌握笔算方法，理解除

法竖式需要按照数位逐步进行，并为第三阶段三位数除以两位数的学习提供至关重要的支撑。所以第二阶段中对于除法算理的理解与算法的掌握尤其重要。作为教师，我们怎样能更好地让学生理解计算算理？

（一）明确素养导向的学习目标

1. 明晰核心素养内涵，确定核心目标

“两、三位数除以一位数”单元内容明确指向的核心素养是“运算能力”，与本单元密切相关的内涵是“能够明晰运算的对象和意义，理解算法与算理之间的关系”。结合《课标 2022 年版》中关于第二学段对应本单元内容的学段目标、内容要求、学业要求、学业质量以及教学建议，我们整理得到了如表 5-11 所示的“两、三位数除以一位数”单元核心素养内涵及关联内容。

表 5-11 “两、三位数除以一位数”单元核心素养内涵及关联内容

运算能力	能够明晰运算的对象和意义，理解算法与算理之间的关系
学段目标	能进行较复杂的整数四则混合运算，理解运算律，形成数感、运算能力和初步的推理意识
内容要求	在解决简单实际问题的过程中，理解四则运算的意义，能进行整数四则混合运算；会运用数描述生活情境中事物的特征，逐步形成数感、运算能力和初步的推理意识
学业要求	能描述除法与乘法的关系；能进行整数四则混合运算，形成运算能力
学业质量	能进行整数四则混合运算和简单的小数、分数加减运算，形成数感、运算能力和初步的推理意识
教学建议	制订指向核心素养的教学目标，整体把握教学内容，选择能引发学生思考的教学方式

分析表 5-11 和“两、三位数除以一位数”的单元内容可知，本单元的学习目标基本为以下四个：（1）理解两、三位数除以一位数的算理；（2）掌握竖式计算的方法；（3）发展估算的意识和能力；（4）解决除法相关的实际问题。

分析单元学习内容，本单元的除法竖式是学生第一次接触分层记录的除法，理解难度较大。一方面，学生要理解除的顺序，明白分层记录的道理，理解从高位开始除的道理，知道当高位除完有剩余时，需把余数转化成几个十或几个一，再和下一位的数合起来继续除；另一方面，教师要引导学生注重竖式记录的关联性，将竖式记录与具体情境、横式计算联系起来，构建竖式计算方法和算理之间的关联。

因此，我们将本单元的核心目标确定为理解两、三位数除以一位数的算理并掌握竖式计算的方法。

2. 分析核心目标，提炼具体表现

综合以上整体分析，我们形成了本单元核心素养导向下核心目标的表现性目标（见表 5-12）。

表 5-12 “两、三位数除以一位数”单元核心素养导向下核心目标的表现性目标

核心素养内涵	核心目标	表现性目标
能够明晰运算的对象和意义，理解算法与算理之间的关系	理解两、三位数除以一位数的算理	1. 在分小棒的操作情境中，理解可以按照不同的计数单位来分
		2. 在分的过程中当捆有剩余时，能将捆拆开变成根，即理解高位转化为低位的过程
	掌握竖式计算的方法	1. 构建竖式记录与横式的关联，体会竖式记录形式的合理性
		2. 结合实际操作情境，理解竖式记录中每一步的意思，建立算法模型

（二）确定学习起点

为了解学生的学习起点，我们从理解两、三位数除以一位数的除法算理和竖式计算两个方面对一个班的学生进行了前测。

1. 算理理解水平分析

为了解学生算理理解的水平，我们设计了两位数除以一位数算理理解的表现性评价框架并开展了前测。

测试题：把 56 根小棒平均分给 4 个人，每人分到多少根小棒？

任务一：用你喜欢的方法分一分、算一算。

测试时，我们先让学生自己用小棒操作，并将操作的结果用画图等多种方式表征出来；接着以算理理解的四个水平层次为基础（章勤琼 等，2021b），设计了评价框架，并对测试结果做了统计（见表 5-13）。

表 5-13 “两位数除以一位数”算理理解前测结果

水平层次	具体表现与描述	人数
水平 0	无法对前测问题做出相关的回应	4 人
水平 1	能将被除数按照不同计数单位进行重组，但不能得出结果	9 人
水平 2	能用自己的方法分出结果，但不能清楚地说出怎么分	20 人
水平 3	能对被除数进行重组，并且清楚地知道可以将被除数按照不同数位分	10 人
水平 4	理解先分捆，把余下的捆与原来的根重组之后再分	2 人

从前测结果可以看出，相当多的学生能够用自己的方法得到正确结果，但说不清楚自己是怎么想的；有 10 个学生能通过画小棒的方式圈出分的过程得出结果；绝大部分学生无法说出先算什么再算什么，只有极少部分学生用横式清楚地写出了计算顺序，把剩余的捆与原来的根合在一起后继续分。

2. 竖式记录情况分析

在前测中，学生还需要用自己的方式来列竖式。以任务二的“48 ÷ 4”为例，学生竖式记录情况的统计结果如表 5-14 所示。

表 5-14　“两位数除以一位数”竖式记录前测结果

学生作答	列竖式计算： 12 4⟌48 48 —— 0	列竖式计算： 48 ÷ 4=12 48 ÷ 4 —— 12	列竖式计算： 12 4⟌48 4 —— 8 8 —— 0	无法进行竖式记录或其他
人数	16 人	7 人	5 人	17 人

我们从表中可以看出有 40 人无法正确写出除法竖式。其中有 16 人是根据口算得出结果的，竖式记录无法解释“分一分”的过程；有 7 人忘记了除法竖式的格式，直接按照加、减、乘法的竖式格式来写；甚至有 17 人的回答是完全空白的或不相关的。只有 5 人能正确写出完整的竖式记录，但当询问他们能否将竖式记录与横式、“分一分”关联起来时，他们不能很清楚地表达，他们的竖式记录仅仅是靠记忆模仿写出来的。

（三）分析学习路径

基于以上分析，从单元整体教学视角出发，本单元教学可以分为 3 个阶段。

第一阶段，引导学生理解两位数除以一位数除法的算理本质。借助小棒，教师以直观模型再现平均分的过程，让学生在操作中理解两位数除以一位数中分两次的经历，体会从高位开始分的必要性。直观模型与操作活动的支持使学生深刻理解除法算理，形成“分一分”通法。

第二阶段，引导学生以关联的视角进行竖式记录。结合操作活动的步骤以及横式记录的过程，教师引导学生理解和掌握两位数除以一位数除法竖式的计算步骤以及每一步的实际含义，将算理和算法融合在一起。

第三阶段，引导学生借助已有的知识和经验，在解决问题的过程中，将两位数除以一位数的具体算法变式和迁移至三位数除以一位数的计算。

（四）单元整体教学思考

根据学情分析，大多数学生对“两、三位数除以一位数”的算理理解以及竖式记录存在很大的问题，有的学生甚至不会书写正确的除法笔算格式，这说明这类学生在第一次接触除法竖式时就没有体会到竖式记录的合理性，特别是无法将竖式记录与操作过程进行对应。因此，在本单元的笔算教学中，教师应该引导学生关注情境意义、横式计算过程和竖式记录的关联，让学生不仅要体会竖式记录的合理性，还要能结合情境理解竖式记录过程中每一步的含义。

综上分析，基于学生的学习路径，以单元整体教学的视角，我们对教材进行了有机整合、合理优化、灵活运用，做到真正为学生学习服务。

1. 加强活动操作，促进算理理解

从学生前测可以看出，大多数学生对竖式计算中平均分物的过程并不是很清楚，因此我们准备在正式教学竖式之前教学一节基于算理理解的活动课，让学生在平均分小棒的过程中，建立竖式计算的表征模型，理解活动过程中每一步的意思。目标为：（1）创设分桃子的现实分物情境，以小棒代表桃子，让学生经历分小棒的过程；（2）让学生理解活动的每一个步骤，并能用横式记录下来；（3）让学生在活动过程中体会“先十个十个分，再一个一个分”。

2. 以算理促算法，适当整合内容

在学生理解算理的基础上，教师打破教材原来按照知识点展开的“十位刚好整除”和“十位分完有剩余”两课时安排，分成“理解算理”和“竖式记录”两节课。在第一节操作活动课之后，第二节课以“分桃子”为情境，指向“两位数除以一位数”的竖式教学。这样能够有效地促进学生对算理的理解和对算法的构建。另外，教师可以创设一个三位数除以一位数的“分一分”操作活动。教材以求高铁的速度为情境让学生学习“三位

数除以一位数”，但学生对于算理的理解是比较抽象的，不能很清晰地说出每个数字在此情境中的意义，因此我们改为采用分“人民币”的情境。这同样是基于学生的现实生活，但让学生对于算理的理解更加容易了。

3. 笔算除法中对于“0”教学的整合思考

笔算除法在“0”的处理上紧紧围绕“不够商 1 就商 0”和“0 除以任何不是 0 的数都得 0”进行。教材分两节课进行，在“猴子的烦恼”一课中以“306 ÷ 3”“840 ÷ 6”为例，让学生经历的是“0 除以任何不是 0 的数都得 0”的知识点；在“节约”一课中以“912 ÷ 3”“522 ÷ 4”为例，让学生经历的是“不够商 1 就商 0”的知识点。从教材的编排逻辑分析，这样是符合学生的学习思维习惯的，所以在教学这两节课时，教材中的材料和结构可不做大的改动（何奇斌，2021）。考虑到“被除数中有 0”的教学需要，并结合课堂作业本中的练习题，教师可以在“306 ÷ 3”“840 ÷ 6”的教学中，把“节约”一课中的“试一试”例题“502 ÷ 2”融进来，让学生体会“被除数中间有 0 并不能肯定商中间有 0”。

基于以上单元整体教学的思考，为了更加符合学生的学习路径，我们对“两、三位数除以一位数”单元教学内容安排做了适度的调整（见表 5-15）。

表 5-15 “两、三位数除以一位数”单元教材安排和优化后教学内容对比

教材安排		优化后教学内容	
内容	课时	内容	课时
分桃子（两位数除以一位数）	1	“分一分”活动课	1
分橘子（两位数除以一位数）	1	两位数除以一位数	1
商是几位数（被除数中没有 0）	1	三位数除以一位数	1
猴子的烦恼（被除数中有 0）	1	被除数中有 0	1
节约（被除数中没有 0）	2	被除数中没有 0	1
练习一	1	练习一	1
集邮（有余数的除法验算）	1	有余数的除法验算	1

续表

教材安排		优化后教学内容	
内容	课时	内容	课时
买新书（连除和连乘混合的两步运算）	1	买新书（连除和连乘混合的两步运算）	1
讲故事（连除和连乘混合的两步运算）	1	讲故事（连除和连乘混合的两步运算）	1
练习二	1	练习二	1

四、“小数除法”单元：如何以算理理解促进竖式意义建构

《课标2022年版》提到，“每一个特定的学习内容都具有培养相关核心素养的作用，要注重建立具体内容与核心素养主要表现的关联，在制定教学目标时将核心素养的主要表现体现在教学要求中”。“小数除法”单元的学习与核心素养之间有怎样的关联？如何从素养内涵到素养目标的主要表现，再到具体学习任务的设计与实施？我们可以尝试从素养导向的单元整体教学的视角去思考“小数除法”单元的学习。

（一）明确素养导向的学习目标

1. 明晰核心素养内涵，确定核心目标

表5–16 “小数除法”单元核心素养内涵及关联内容

运算能力	能明晰运算的对象和意义，理解算法与算理之间的关系
学段目标	能进行小数和分数的四则运算，探索数运算的一致性，形成符号意识、运算能力、推理意识
内容要求	能进行简单的小数、分数四则运算和混合运算，感悟运算的一致性，发展运算能力和推理意识
学业要求	能进行简单小数、分数的四则运算和混合运算（不超过三步），并说明运算过程；能在实际情境中运用小数解决问题，进一步发展符号意识和数感

续表

教学提示	通过整数、小数、分数的运算，让学生进一步感悟计数单位在运算中的作用，感悟运算的一致性；注重对整数、小数和分数四则运算的统筹，让学生进一步感悟运算的一致性
学业质量	理解小数，能进行简单的小数四则运算和混合运算，感悟运算的一致性，形成数感和运算能力

分析表 5-16 和“小数除法”的单元内容可知，本单元的学习目标可概括为以下四个：（1）理解小数除法的计算道理；（2）掌握小数除法的竖式计算方法；（3）掌握一些与小数除法相关的内容；（4）会解决简单的小数除法实际问题。其中，前两个目标是本单元的核心目标。

2. 分析核心目标，提炼具体表现

确定核心目标后，我们需要对核心目标进行具体化分析，即分析学生达成该目标会有哪些具体的表现性行为，从而形成具体的表现性目标与水平层次，为后续学习任务的设计与实施提供支持与指导。核心目标分为两个方面：算理理解和竖式掌握。前者为后者奠基，两者具有高度的关联性。通过教材分析以及学生进阶学习过程分析，我们可以从理解算理、掌握算法两个方面对核心目标进行具体化分析（程红霞，2023）：

（1）学生理解算理的具体化分析

小数除法的算理与整数除法的算理既有一致性又有差异性：一致性在于都是“逐步细分计数单位”，差异性则体现在小数除法中整数部分出现余数时还可以继续往下分。对该差异性的理解也就是小数除法算理理解的重难点。鉴于小数除法算理的抽象性，对算理的理解应该从现实情境或生活模型入手，借助“元、角、分”或“米、分米、厘米”等进率为 10 的直观模型理解如何对整数部分的余数进行转化处理。

（2）学生掌握算法的具体化分析

在小数除法竖式算法掌握方面，学生需要理解以下几个关键点（程红霞，2023）：

关键点 1： 整数部分有余数时，可以将余数换算成十分位上的数，并与

十分位上原有的数合并后再除。

关键点 2：小数（整数）除以整数时，有时会碰到被除数的位数不够除的情况，这时需要先补 0 进行数位扩充，再将最后的余数换算成下一级计数单位的数继续往下除，其实质仍是逐步细分计数单位。

关键点 3：除数是小数的除法教学重点在于体会转化思想，其实质是被除数和除数同步转化后的计数单位细分。

由此，“小数除法”单元核心素养导向下核心目标的表现性目标形成（见表 5-17）。教师可根据该表现性目标进行学习任务的设计与调控。

表 5-17 “小数除法”单元核心素养导向下核心目标的表现性目标

核心素养内涵	核心目标	表现性目标
能够明晰运算的对象和意义，理解算法与算理之间的关系	理解小数除法的计算道理	1. 能理解现实情境中的小数除法问题
		2. 能借助现实模型“元、角、分”，正确进行换钱、分钱的操作
		3. 能用横式记录换钱、分钱的每一个步骤，并能解释算式与操作的对应关系
	掌握小数除法的竖式计算方法	1. 能对整数部分的余数进行转化处理：整数部分有余数时，可以将余数换算成十分位上的计数单位，并与十分位上原有的数合并后再除
		2. 能处理被除数的位数不够除的情况：碰到被除数的位数不够除时，先补 0 进行数位扩充，再将最后的余数换算成下一级计数单位的数后继续往下除
		3. 能完成除数是小数的除法：先对被除数和除数进行同步转化，使之变成除数是整数的小数除法，然后计算

（二）确定学习起点

为了解学生的学习起点，我们对四年级两个班 49 名学生的小数除法掌握水平进行了前测。基于素养导向的表现性目标，我们设计了相应的评价任务，并结合学生的答题情况对其掌握水平进行统计、分析、层次划分，制订了小数除法算理理解水平表现性评价框架（见表 5-18）。

表 5-18　小数除法算理理解表现性评价框架

水平层次	具体描述	赋分
水平 0	不能理解任何有关小数除法的问题	0
水平 1	能理解现实情境中的小数除法问题	1
水平 2	能借助现实模型“元、角、分”，进行换钱和逐步均分元、角的操作	2
水平 3	能用横式记录换钱、分钱的每一个步骤，并能解释算式与操作步骤的对应关系	3

以下是算理理解后三个水平层次的典型答卷（见图 5-3、图 5-4、图 5-5）。

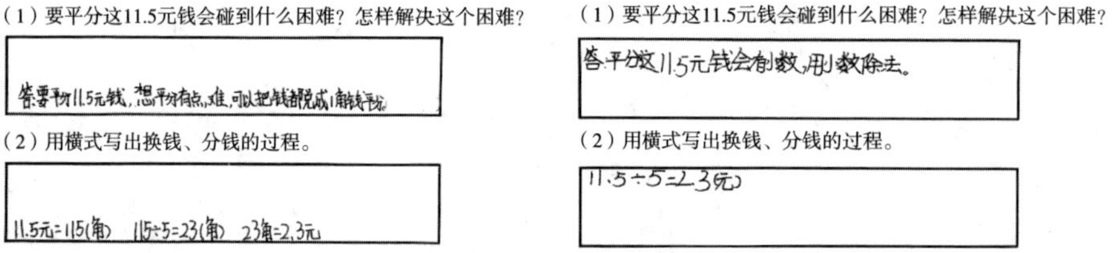

图 5-3　水平 1 答卷

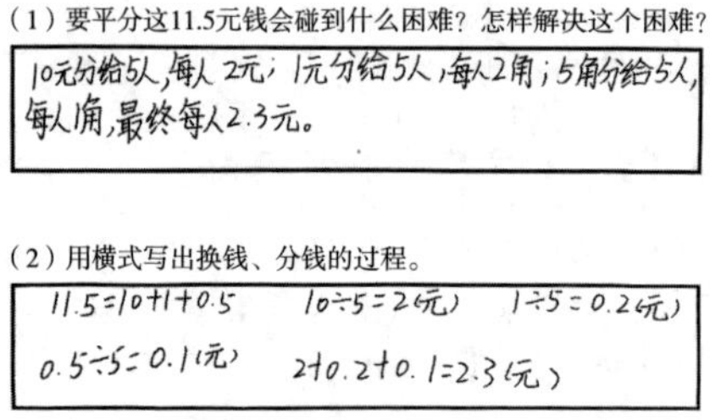

图 5-4　水平 2 答卷

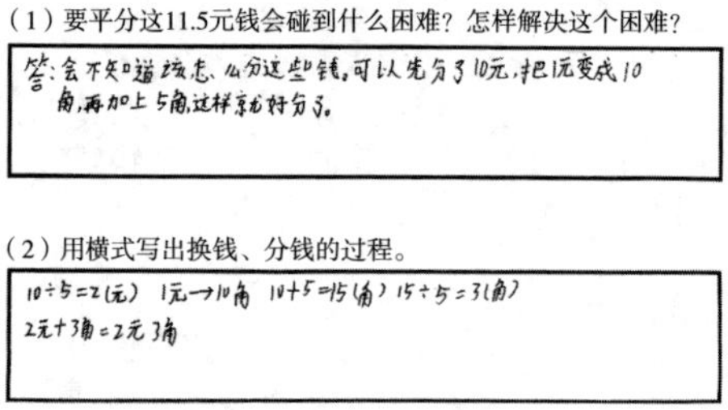

图 5-5　水平 3 答卷

水平 1 的学生大部分都能表达出“需要换钱”的意思，还有部分人能将 11.5 元转化为 115 角，用整数除法解决问题；水平 2 的学生能先换钱再逐步均分，但所写的横式无法体现单位转换的过程；水平 3 的学生能清楚地表达换钱、分钱的过程，并用横式进行正确记录。

具体统计数据如表 5-19 所示。

表 5-19　小数除法算理理解前测结果

水平层次	水平 0	水平 1	水平 2	水平 3
人数	0 人	30 人	14 人	5 人

从表 5-19 可以看到，大部分学生处于水平 1 的阶段，即能借助“元、角、分”的情境理解有关小数除法的问题，知道不够除时需要将被除数或余数换算成更小的计数单位后继续往下除，但对于逐步细分的过程感悟不深，也不能用横式准确地表达单位换算、逐步细分的每一个步骤。因此，理解“逐步细分计数单位”的算理，掌握整数部分有余数时如何对余数进行转化处理，是本单元学习的重难点。

关于小数除法竖式算法的掌握情况，我们得到了如表 5-20 所示的典型作答与数据统计。

表 5-20　小数除法竖式算法掌握前测结果

评价内容	学生典型作答及分析		
关键点 1	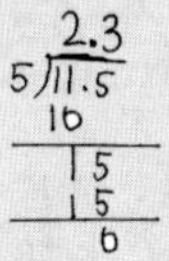	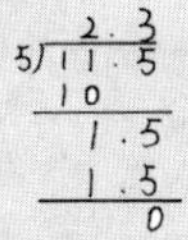	
	25 人 分析：已掌握竖式计算关键点 1 的记录	24 人 分析：不理解关键点 1 背后的计算道理	
关键点 2	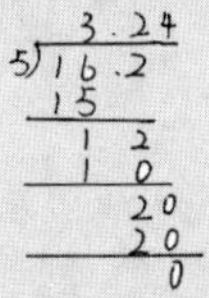 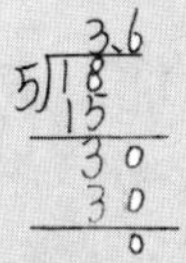	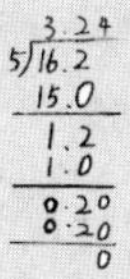 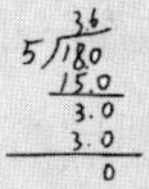	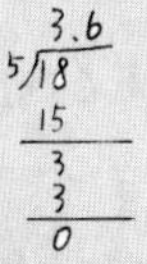

续表

评价内容	学生典型作答及分析		
关键点2	31 人 分析：已掌握竖式计算关键点 2 的记录	12 人 分析：对关键点 1 没突破，所以无法对后续的余数进行转化处理	6 人 分析：没有将余数换算成更小的计数单位
关键点3	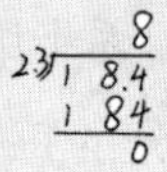	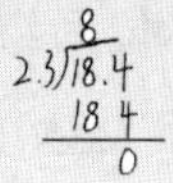	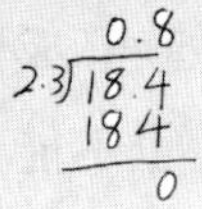
	25 人 分析：已掌握竖式计算关键点 3 的记录方法	16 人 分析：知道被除数和除数要同步转化，但不清楚商写在哪里	8 人 分析：不知道商的实际含义，在做模仿式记录

从前测结果可以看出，超过半数的学生对于小数除法的竖式记录方法有所了解，并能正确记录。但通过访谈，我们发现这部分学生只是机械地套用算法，并不明白算法背后的算理。如表 5–20 关键点 1 处，对于整数部分的余数 1 与十分位上的 5 合并时，为什么要写成“15”而不是“1.5”，学生是不明白的。

因此，学生的学习起点可以确定为：大部分学生在理解算理方面处于水平 1，知道整数部分有余数时还可以继续往下除，但不知道如何处理余数、如何继续除下去。由此可知，理解“逐步细分计数单位”的算理，掌握“整数部分有余数时要对余数进行计数单位转化与合并后再除”是本单元学习的重难点。

（三）分析学习路径

基于以上分析，我们确定了本单元的学习路径（程红霞 等，2021）：首先，以活动经验支持算理理解，借助“元、角、分”构建小数平分模型，让学生在操作活动中理解整数部分有余数时如何对余数进行转化处理；其次，以算理理解促进竖式意义建构，结合操作活动的步骤、横式记录的算理，让学生理解竖式计算中每一步的意思；再次，对于除数是小数的小数除法，借助单位换算、运算律、直观图帮助学生理解被除数和除数的同步转化，再在学生理解算理的基础上抽象出竖式计算方法；最后，教学与小数相关的内容，在相关问题研究中发展学生的运算能力，提高学生应用小数除法解决问题的能力。

（四）核心课时任务设计

基于学习起点分析与学习路径分析，我们对“小数除法”单元的教学做了整体调整（程红霞，2023）：增加一节活动操作课，创设换钱、分钱的现实情境，让学生在活动中积累均分计数单位的经验；将除数是整数（被除数无需补 0、被除数需要补 0 扩充数位）的小数除法整合为一节课实施教学；其他内容不变。根据学生理解算理的水平层次表现以及相应的学习路径，我们对两节核心课进行了学习任务设计：共计 5 个学习任务，分两个课时完成，第一个课时完成任务一和二，第二个课时完成任务三、四、五（程红霞，2023）。

任务一：你和你的两个小伙伴收集了一些废品，一共卖了 10.2 元钱，平均每人分得多少元？活动要求设置为想一想、议一议、换一换、分一分、记一记，具体要求表达如下：

1. 想一想：废品站的叔叔给了你 1 张 10 元纸币、2 个 1 角硬币，要将这些钱平分下去，你会遇到什么问题？ 2. 议一议、换一换：每个小组有一次兑换零钱的机会，小组讨论如何兑换（以使分完后每人钱币数量最少），再到“零钱银行”按需兑换。3. 分一分、记一记（以元为单位）：小组内将 10.2 元钱平分给 3 个小朋友，用横式记录换钱、分钱的过程。

任务二：你和你的三个小伙伴收集了一些废品去卖，一共得到了 14 元钱（一张 10 元纸币，4 个 1 元硬币），平均每人可以分得多少元？活动要求如下：

1. 分一分，写一写，算一算，记录换钱、分钱的过程。2. 思考：比较任务一和二两次分钱的过程，它们之间有什么共同之处？

这是一节基于算理理解的操作活动课，创设了分钱的现实情境，让学生经历换钱、分钱的过程，用算式记录换钱、分钱的过程，在情境、操作、算式、语言的多元表征中理解分钱的每一个步骤，积累逐步细分计数单位的活动经验，以活动经验支持算理理解。

任务三：你和你的两个小伙伴收集了一些废品，一共卖了 10.2 元钱，平均每人分得多少元？活动要求如下：

1. 想一想：观察横式分的过程，想一想如何用竖式把分的过程记录下来。2. 写一写，说一说：先独立完成，再在小组中说一说竖式计算的过程，小组内选一个代表与大家分享。

任务四：你和你的三个小伙伴收集了一些废品去卖，一共得到了 14 元钱（一张 10 元纸币，4 个 1 元硬币），平均每人可以分得多少元？活动要求如下：

1. 列竖式计算。2. 在小组中说说竖式中每一步的意思。

任务五：列竖式计算 $30 \div 4$ 和 $45.9 \div 6$。

这节课的情境与上节活动课的情境完全一样，只是学习要求发生了改变。结合上节课的情境和横式记录，学生尝试用竖式记录分钱的过程，再对照横式算理理解竖式计算每一步的意义，特别是理解整数部分有余数时需要先换算成更小单位的数再合并相除。将竖式学习与活动操作、横式算理进行联结，能够让学生在联系与理解的视野下建构竖式记录的意义（见图 5–6）（程红霞，2023）。

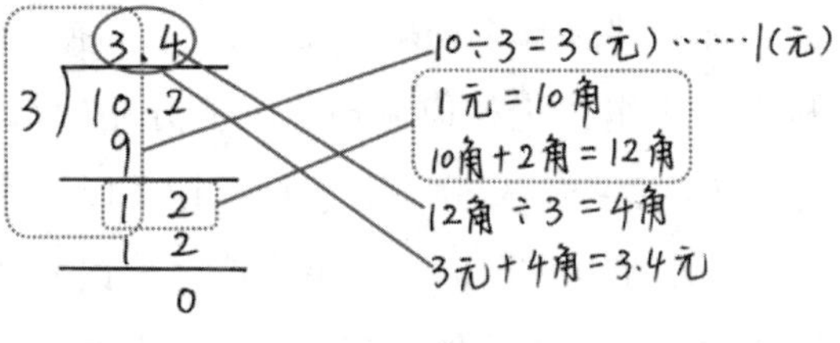

图 5–6　横式算理与竖式记录联结理解

在教学实践中，我们发现这两节连续课执教的关键在于联结：联结 1，操作活动步骤和横式记录联结起来理解，以活动经验支持算理理解；联结 2，横式记录（活动经验）和竖式记录联结起来理解，以算理理解支持竖式意义建构；联结 3，两节课分开来看平平无奇，感受不到价值，但连在一起却自然又有效，能减轻学生的认知负荷，让理解与建构变得更容易。

（五）学习评价与作业设计

我们尝试以素养导向的目标引领学习任务的设计与实施，再以学习任务确定作业评价目标、作业评价题目，最后结合学生理解算理的水平层次分析学生的作业，以此来反馈学生的作业实践情况，为教学改进提供依据与方向。根据素养目标具体化与学习任务设计情况，我们制订了与之配套的核心课时作业（作业题目附后）及其评价框架（见表 5-21）。

表 5-21　“小数除法”单元核心课时作业评价框架

课时	评价目标	评价题目	相应水平层次
1	在“元、角、分”或“米、分米、厘米”的现实情境中，能用横式表示分的过程，理解单位转化和逐步细分计数单位的计算道理	题 1、题 2、题 3	水平 2 水平 3 （做对题 1、题 2 中一道即算作达到水平 3）
2	能结合情境解释竖式每一步的意义	题 4、题 5	水平 4
	脱离情境，能从小数的意义与组成来解释竖式每一步的意义	题 6	

分析学生作业答题情况，我们发现：

第一，达到水平 4 的学生占 83.5%，这说明，以活动经验支持算理理解，将横式记录与竖式计算的每一步进行关联理解，这样的学习方式能有效帮助学生理解算理、掌握算法，降低学习难度、提高学习效率。

第二，在题 1 中用横式记录换钱、分钱的步骤时，水平 2 的学生比较容易忽略单位换算，直接以 1.5 ÷ 5=0.3（元）、3 ÷ 5=0.6（元）的形式做记录，对余数的转化与处理理解不到位，不能联系换钱、分钱的过程进行正确表征。对这部分学生，在后续辅导时教师要重点引导他们回忆“将 1 元换成 10 个 1 角，跟原来的 5 个 1 角合在一起为 15 角，再将 15 角平分给三个小伙伴”的活动经验，理解为什么是 15 ÷ 5=3（角），而不是 1.5 ÷ 5=0.3

（元）；对于题 2，处理方法一样。

第三，有 6 名学生在完成题 1~3 时没有达到水平 3，但在完成题 4~6 时却表现优秀。我们可以认为他们是经过再次学习后突破了对余数如何转化、如何处理的理解，已经跨越水平 3 达到了水平 4。

第四，题 3、4、6 是开放题。对于题 3 有 69% 的学生能回答出“需要单位换算”“将余数换算成更小单位的数才能继续往下除”的意思，表达出对逐步细分计数单位的感悟。对于题 4 有 78% 的学生能回答出“这里分的是 48 角，不是 4.8 元”“这里表示 48 个 0.1”的意思，展现出学生对于小数除法算理的理解，特别是对整数部分有余数时需要先换算成更小的计数单位才能继续往下除的理解比较到位。对于题 6 有 90% 的学生认为“不一定要补 0”，因为“补 0 或不补 0 意思都一样”，不影响计算。

由以上作业分析可知，以素养导向的目标为引领，从学习路径分析的角度去思考“小数除法”单元，确定以活动经验支持算理理解、以算理理解促进竖式意义建构的任务设计思路，是符合学生认知路径的。实践证明，将竖式学习与活动操作、横式算理进行联结，在联系与理解的视野下建构竖式记录的意义，这样的学习方式有助于学生更深刻地理解算理与算法之间的关系，促进其核心素养发展；并让学生在落实核心素养的同时积累活动经验、变革学习方式，使数学课堂真正达成提升学生数学素养的育人目标。

附："小数除法"单元核心课时作业设计

1. 周末时间，5 个小伙伴帮助邻居爷爷除草，爷爷付了人民币（1 张 10 元纸币，1 个 1 元硬币，5 个 1 角硬币）作为报酬。5 个小伙伴要平分这 11.5 元钱，平均每人得到多少元钱？请你用横式记录换钱、分钱的过程。

2.5 个小伙伴收集了一些废品，卖了 13 元（1 张 10 元纸币，3 个 1 元硬币）。平均每人分得多少元钱？请用横式写出换钱、分钱的过程。

3. 请你比较第 1 题和第 2 题中分钱的过程，找找它们有什么共同之处。

4. 5个小伙伴卖废品，共收入了12.5元。平均每个小伙伴分得多少元？下面的横式和竖式分别记录了换钱、分钱的过程。

（1）请将横式和竖式缺少的地方补充完整。

（2）横式记录和竖式记录的意思是一样的，竖式画圈的地方跟横式中哪些部分的意思是一样的呢？请连线表示。

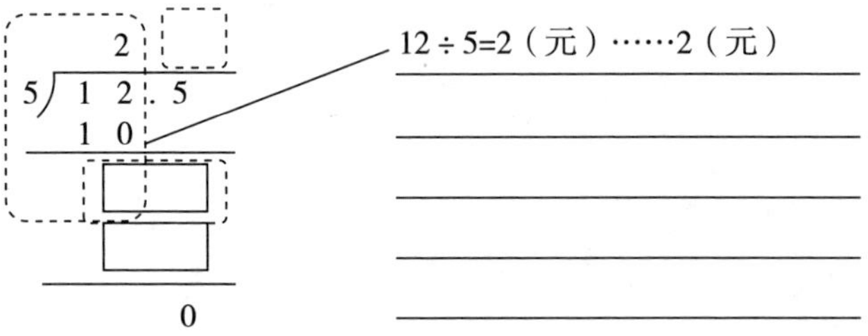

5. 对于下面的问题，笑笑和淘气用竖式进行了计算。你认为谁写的竖式更合适？为什么？

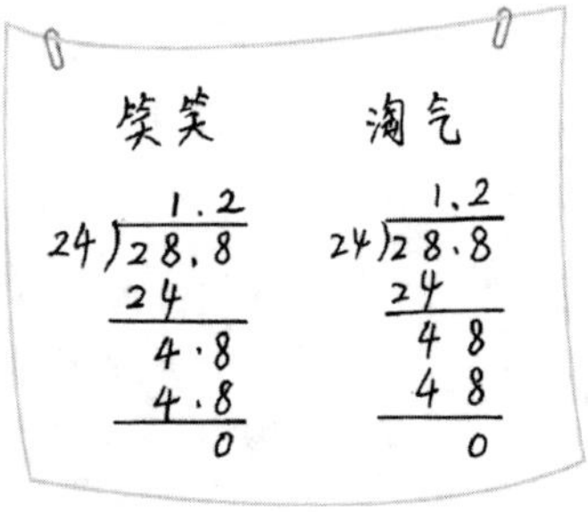

6. 先填空，再回答问题。

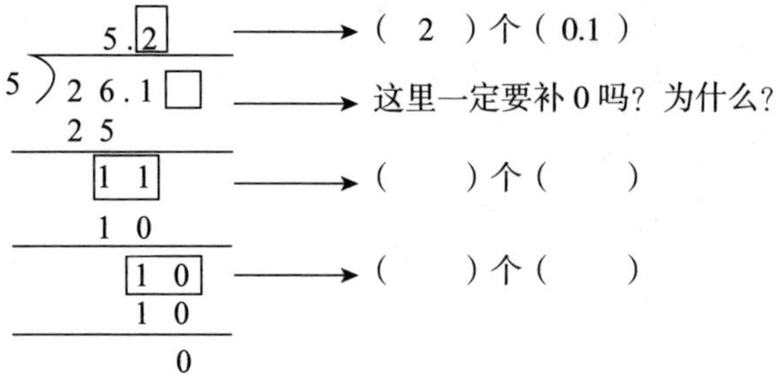

参考文献

中文文献：

范德沃，卡普，贝－威廉姆斯，2023. 美国中小学数学教师实践手册［M］. 张晶，等译 . 上海：华东师范大学出版社：565－570.

鲍建生，周超，2009. 数学学习的心理基础与过程［M］. 上海：上海教育出版社 .

蔡金法，2020. 数学教育研究手册：第一册：数学教育研究的理论基础和方法［M］. 北京：人民教育出版社 .

蔡永红，2006. SOLO 分类理论及其在教学中的应用［J］. 教师教育研究，28（1）：34－40.

曹一鸣，2012. 十三国数学课程标准评介：小学、初中版［M］. 北京：北京师范大学出版社 .

陈彩虹，赵琴，汪茂华，等，2016. 基于核心素养的单元教学设计：全国第十届有效教学理论与实践研讨会综述［J］. 全球教育展望，45（1）：121－128.

程红霞，章勤琼，2021. 基于学习路径分析的“小数除法”单元整体教学：以算理理解促进竖式意义建构［J］. 教学月刊（小学版 · 数学）（11）：16－19.

程红霞，2023. 评价目标导向的任务设计：以“小数除法”单元为例［J］. 小学教学（数学版）（2）：15－17.

崔允漷，2019. 学科核心素养呼唤大单元教学设计［J］. 上海教育科研（4）：1.

崔允漷，郭洪瑞，2021. 试论我国学科课程标准在新课程时期的发展［J］. 全球教育展望，50（9）：3－14.

巩子坤，史宁中，张丹，2022. 义务教育数学课程标准修订的新视角：数的概念与运算的一致性［J］. 课程 · 教材·教法，42（6）：45-51，56.
巩子坤，朱贤梅，吕婷，等，2017. 算理理解视角下的小数乘整数学习路径［J］. 小学数学教师（11）：73-79.
何奇斌，2021.“两、三位数除以一位数”单元整体与关键课例设计［J］. 小学数学教育（7）：57-59.
何莎，2021. 小学数学项目式学习的教学实践思考：以“设计参观动物园最佳路线”为例［J］. 教学月刊（小学版·数学）（1-2）：12-14.
黄荣金，章勤琼，陈锡成，2021. 实施基于学习路径的小学数学教学，促进学生学习和教师成长：上［J］. 小学教学（数学版）（3）：9-12.
黄蕊，2021. 小学数学项目式学习中表现性评价框架的建构与运用：以“设计参观动物园最佳路线”为例［J］. 教学月刊（小学版·数学）（1-2）：15-17.
雷浩，2022. 新课标：以教学评一致为切入口［N］. 光明日报：11-29（13）.
李臣之，郭晓明，和学新，等，2012. 西方课程思潮研究［M］. 北京：人民教育出版社.
李家贝，杨婕，2015. 新版英国《小学数学课程标准》及其启示［J］. 教育参考（5）：54-58.
李荣华，2014. 初中化学单元教学的实践研究［D］. 北京：首都师范大学.
林崇德，2016. 中国学生发展核心素养：深入回答“立什么德、树什么人”［J］. 人民教育（19）：14-16.
玲如，1985. 莫里逊单元教学法［J］. 上海教育科研（5）：41，28.
刘加霞，易枚，2012. 基于图形“度量特征”的本质与结构落实有效教学：兼评刘延革老师“周长的认识”一课［J］. 小学教学（数学版）（4）：23-24.

刘加霞，高丽杰，2007. 让学生获得什么样的基础知识：以“乘法初步认识”为例［J］. 小学教学（数学版）(2)：44-46.

吕世虎，吴振英，杨婷，等，2016a. 单元教学设计及其对促进数学教师专业发展的作用［J］. 数学教育学报，25（5）：16-21.

吕世虎，杨婷，吴振英，2016b. 数学单元教学设计的内涵、特征以及基本操作步骤［J］. 当代教育与文化，8（4）：41-46.

马兰，2012. 整体化有序设计单元教学探讨［J］. 课程 · 教材 · 教法，32（2）：23-31.

彭绍东，2010. 基于 SCORM 标准的“学习路径”设计［J］. 现代教育技术，20（8）：114-119.

史宁中，曹一鸣，2022. 义务教育数学课程标准解读：2022 年版［M］. 北京：北京师范大学出版社.

史宁中，2013. 基本概念与运算法则：小学数学教学中的核心问题［M］. 北京：高等教育出版社.

孙思雨，孔企平，2021.“量感”的内涵及培养策略［J］. 小学数学教师（7-8）：44-47.

孙晓天，张丹，2022. 义务教育课程标准（2022 年版）课例式解读：小学数学［M］. 北京：教育科学出版社：3-4.

覃可霖，1995. 单元教学漫谈［J］. 广西师院学报（1）：81-85.

威金斯，麦克泰，2018. 理解为先模式：单元教学设计指南：(一)［M］. 盛群力，等译 . 福州：福建教育出版社：9-10.

王圣昌，章勤琼，白常平，2022. 明晰算理理解水平，构建运算教学路径：“小数乘整数”教学实录与赏析［J］. 小学教学（数学版）(10)：31-35.

韦斯林，贾远娥，2010. 学习进程：促进课程、教学与评价的一致性［J］. 全球教育展望，39（9）：24-31.

吴正宪，刘劲苓，刘克臣，2014. 小学数学教学基本概念解读［M］. 北京：教育科学出版社：9.

小学数学课程教材研究开发中心，2015. 义务教育教科书教师教学用书　数学：二年级下［M］. 北京：人民教育出版社：27–30.

闫云梅，刘加霞，2009. 经历计数过程，体验单位化思想：评赵燕老师“万以内数的认识”［J］. 小学教学（数学版）（12）：24–26.

阳海林，黄蕊，章勤琼，2021. 基于学习路径分析的“表内除法（一）”单元整体教学：以表现性评价框架发展学生理解水平［J］. 小学教学（数学版）（4）：8–11.

杨微，2010. 基于学习路径的学习资源创作工具研究与实现［D］. 长沙：湖南大学.

叶海龙，2011. 逆向教学设计简论［J］. 当代教育科学（4）：23–26.

余文森，2018. 论学科核心素养的课程论意义［J］. 教育研究（3）：129–135.

余文森，2022. 以核心素养为导向：建立与义务教育新课标相适应的新型教学［J］. 中国教育学刊（5）：17–22.

余瑶，王雨露，张春莉，2021. 基于学习路径分析的教学设计：以《长方体的认识》为例［J］. 教育视界（11）：25–28.

余瑶，2021. 分析学习路径 促进深度学习：以吴正宪《“比”的认识》一课为例［J］. 教育科学研究（7）：66–72.

张春莉，刘怡，2015. 基于学生学习路径分析的教学路径研究［J］. 中小学教师培训（9）：39–43.

张丹，于国文，2020.“观念统领”的单元教学：促进学生的理解与迁移［J］. 课程 · 教材 · 教法，40（5）：112–

118.
张丹，2010. 小学数学教学策略［M］. 北京：北京师范大学出版社 .
张奠宙，巩子坤，任敏龙，等，2017.“平行与垂直”的教学内涵与设想：基于教材编写的几点讨论［J］. 小学数学教师（3）：4–8.
章勤琼，白常平，2022a. 指向核心素养的教学新形态：内容与实施的“一致性”［J］. 福建教育（49）：38–41.
章勤琼，陈锡成，2021a. 基于学习路径分析的小学数学单元整体教学思考框架［J］. 小学教学（数学版）（3）：13–16.
章勤琼，杜依铭，2022b. 运算教学中如何做到“法理兼顾”：略谈运算教学的三个要点［J］. 福建教育（10）：28–31.
章勤琼，黄荣金，南欲晓，2019a. 为数学理解而教：基于学习路径分析的小学数学教学课例研究［J］. 课程 · 教材 · 教法，39（11）：116–122.
章勤琼，谭莉，2013a. 早期代数思维的培养：小学阶段“数与代数”教学的应有之义［J］. 江苏教育（33）：7–9.
章勤琼，谭莉，2013b. 小学阶段统计课程理念与教学主张［J］. 江苏教育 · 小学教学（17）：23–25.
章勤琼，唐娟，2019b. 为什么除法竖式不一样：兼谈竖式的记录功能及不同形式［J］. 教学月刊（小学版 · 数学）（10）：56–59.
章勤琼，徐宸蔚，2020. 小学阶段运算能力的内容要求与教学建议［J］. 福建教育（22）：24–26.
章勤琼，阳海林，陈肖颖，2021b. 小学数学教学中的表现性评价及其应用［J］. 课程 · 教材 · 教法，41（3）：83–89.
章勤琼，阳海林，2022c. 基于课程标准的小学数学“学教评一致性”：兼论核心素养的落实与评价［J］. 课程 · 教材 · 教法，42（11）：21–28.

章勤琼，叶阳，2019. 折线统计图教学的两个要点——兼谈“统计方式”与“数学方式”的区别［J］. 小学数学教师（10）：59–63.
章勤琼，2019. 基于学习路径分析的小学数学教学：概述与基本框架［J］. 小学教学（数学版）（7–8）：8–10.
章勤琼，2020. 计算平均成绩是否合适：小学阶段统计量教学的一些思考［J］. 教学月刊（小学版 · 数学）（1–2）：95–98.
赵莉，吴正宪，史宁中，2022. 小学数学教学数的认识与运算一致性的研究与实践：以“数与运算”总复习为例［J］. 课程 · 教材 · 教法，42（8）：122–129.
钟启泉，2017. 学会单元设计［J］. 新教育（14）：1.
朱德江，2015. 为学生的分数概念建构设计合适的学习路径：北师大版教材中“分数的认识”编排体系与编写特点［J］. 小学教学（数学版）（4）：23–25.
朱国平，2017. 从“二维”形到“一维”长度［J］. 教育视界（10）.
朱国荣，2020. 从“分出来”“除出来”到“比出来”：重构分数概念教学之思考（上）. 小学教学（数学版）（10）：22–26.
朱俊华，吴玉国，2021. 深度学习视域下小学数学结构化教学策略［J］. 中小学教师培训（6）：51–53.
朱乐平，2019. 让学生经历概念的定义过程：谈认识梯形的教学［J］. 小学教学（数学版）（7–8）：103–105.
邹安琪，章勤琼，王圣昌，2021. 提炼数学问题，以“联结”认识图形：“四边形地图”的教学实践与思考［J］. 小学数学教师（1）：31–35.

英文文献：

CLEMENTS D SARAMA J，2009. Learning and teaching Early Math：The Learning Trajectories Approach [M] . New York：Routledge.

CLEMENTS D SARAMA J，2004. Learning trajectories in mathematics education [J] . Mathematical Thinking and Learning，6（2）：81–89.

DUNCAN R G，HMELO–SILVER，C E,2009. Learning progressions：Aligning curriculum，instruction，and assessment [J] . Journal of Research in Science Teaching（46）：606–609.

SIMON M，1993. Prospective elementary teachers, knowledge of division [J] . Journal for Research in Mathematics Education，24（3）：233–254.

CURCIO F R，1987. Comprehension of mathematical relationships expressed in graphs [J] .Journal for Research in Mathematics Education，18（5）：382–393.

后　　记

基础教育课程改革已经进入核心素养时代，通过知识形成素养成为如今中小学教育教学的共识。然而，对于核心素养究竟如何才能更好地落地，广大一线教师仍然存在很大困惑。作为数学教育工作者，我希望能为帮助教师在数学教学中落实核心素养做一些工作，因此，便有了这本书——《素养导向的小学数学单元整体教学：基于学习路径的视角》。从书名能看出，本书涉及三个关键词。

首先是“素养导向”。这是新课标理念下新型教学的目标定位，也是本书的出发点。素养导向至少有以下两点应有之义：第一点是教学目标需要指向核心素养，所有知识内容的教学，都需要先思考能对应发展什么核心素养；第二点是核心素养目标需要具体化，要能跟知识内容对应，形成学生的表现性目标，做到素养目标的可见、可测、可评。唯如此，核心素养的落实才有可能。

其次是“单元整体教学”。单元整体教学是素养导向目标下的必然产物，因为核心素养的形成无法靠知识点的累加实现，所以教师需要系统设计、整体思考。正如《课标 2022 年版》提到的“体现数学知识之间的内在逻辑关系，以及学习内容与核心素养表现的关联”，“分析主题—单元—课时的数学知识和核心素养主要表现”。更进一步，单元整体教学既要思考单元内部的关联，还要考虑同一主题下不同单元之间的关联。这就构成了本书的主体内容。

最后是“学习路径”。从教转为学，实现学为中心课堂，是新型教学的最重要特征，这要求教师在教学中转变思维习惯。因此，思考学生对于具体内容的具体表现与学习路径，就成为教师教学中思考的日常。学习路径是指学生为达到某个目标而学习时所要经历的可能路径，基于学习路径的教学设计需要思考三方面内容：一是特定的教学目标，二是学生到达这个目标的发展路径，三是一系列帮助学生沿着路径前进的教学活动。基于学习路径分析的数学教学以终为始、注重目标的具体化的思考方式为教学提供了一种新的设计思路。与此同时，这样一种循证教育的思路，正好为素养导向教学的实现提供了一种可能的框架。

实现素养导向的整体教学，需要系统考虑。具体而言，在教学中，教师要以单元为教学单位，思考以下内容：首先是确定核心素养导向的学习目标，在教学中教师需要对小学数学 11 个核心素养的具体内涵进行解读，并思考学生需要达成的具体表现；其次是根据学习目标将数学内容转化为适合学生学习的活动任务，这些任务应该是低门槛、多层次、大空间的，能让不同水平的学生都有充分的表现机会；再次是依据学习任务思考如何更好地组织教学活动，真正构建学为中心的课堂，在任务实施的过程中，教师要有整体视角，以任务确定课时；最后是在评价时指向核心素养的发展，思考如何以评价促进学生学习。

事实上，我和“研师三人行”团队的老师一直在进行这方面的探索。在《课标 2022 年版》颁布之前，我们就已经按照上面的方式在学习路径视角下做了大量关于单元整体教学的实践探索；在新课标颁布之后，我们更新了理论框架，强调了对核心素养的解读。本书的所有案例，都在我本人开发的基于学习路径的单元整体教学框架下，结合具体内容对核心素养具体表现进行分析的基础上，设计学习任务，进行实践并反思。这是一种行动研究的范式，也是高校研究者与中小学教师合作教研的一种方式。因此，除书中呈现的内容外，我也希望我们这种合作教研方式能给广大教师提供一些参考。具体参与本书案例开发和共同写作的人员如下：

引言《素养导向的单元整体教学的理论框架建构》：俞人靖。

第一章《“数与代数”内容的单元整体教学》：邵蓓瑜（“万以内数的认识”单元）、尚飞（“小数的意义”单元）、白常平（“分数的意义”单元）、杨国雄（“两位数乘两位数”单元）、邹安琪（“三位数乘两位数”单元）、滕艳艳（“混合运算”单元）。

第二章《“图形与几何”内容的单元整体教学》：白常平（“平行四边形和梯形”单元）、滕艳艳（“图形的运动（二）”单元）、邹安琪（“周长”单元）、阳海林（“面积”单元）、邵蓓瑜（“角的度量”单元）、裘陆勤（“多边形的面积”单元）。

第三章《“统计与概率”内容的单元整体教学》：刘贤虎（“平均数”单元）、白常平（“折线统计图”单元）。

第四章《“综合与实践”内容的单元整体教学》：邵蓓瑜（“度量衡的故事”主题式学习单元）、阳海林（“设计参观动物园最佳路线”项目式学习单元）。

第五章《跨单元结构化教学的思考》：阳海林（“表内除法（一）”单元）、邵蓓瑜（“有余数除法”单元）、陶毓姗（“两、三位数除以一位数”单元）、程红霞（“小数除法”单元）。

素养导向的《课标 2022 年版》对教学提出了新要求和新挑战，需要教师建立与之相适应的新型教学。让核心素养在课堂上真正落地是当下基础教育课程改革最重要的话题，是需要各方面人员共同完成的伟大事业，理论研究者、课标制定者、理念解读者、教学研究者、教育管理者还有实施教学的一线教师，应该各司其职、通力合作、互相支持。对于广大数学教师而言，要实现核心素养落地这一目标，没有捷径，只有扎扎实实地理解课标理念，做好平时的教学工作，上好每一节课。

我希望，对于教师来说，本书的价值体现，除了是能有单元整体教学的案例可供参考之外，更重要的是能帮助教师基于这样一种理论框架进行教学实践。而在这样实践的过程中，教师能更有信心和把握地说：“我的课堂，就是在发展学生的核心素养。”

章勤琼

2024 年 5 月记于榕城福州